VICTORIEN SARDOU

SÉRAPHINE

COMÉDIE

DEUXIÈME ÉDITION

PARIS

MICHEL LÉVY FRÈRES, ÉDITEURS

RUE VIVIENNE, 2 BIS, ET BOULEVARD DES ITALIENS, 15

A LA LIBRAIRIE NOUVELLE

—

M DCCC LXIX

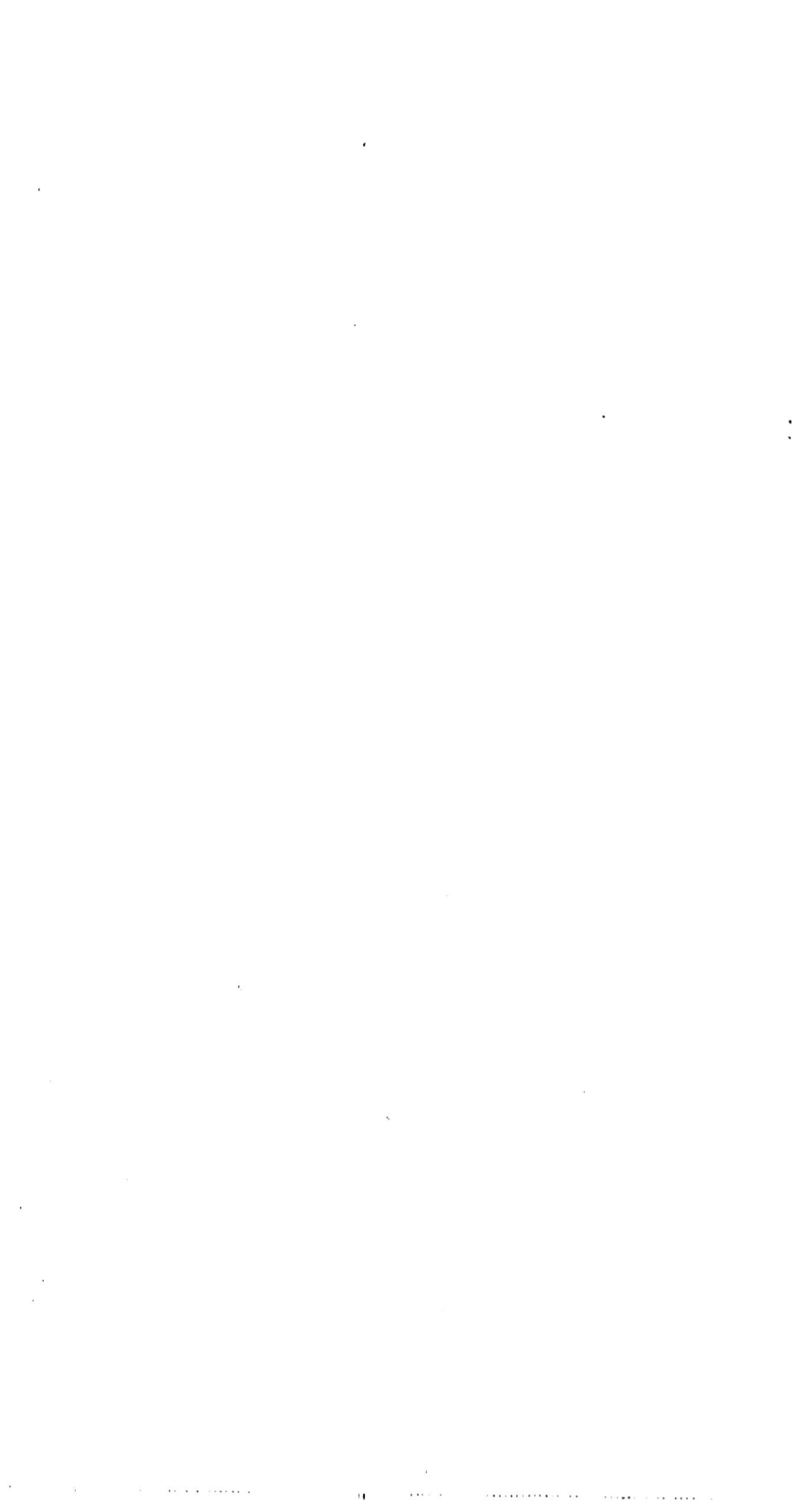

SÉRAPHINE

COMÉDIE

Représentée pour la première fois, à Paris, sur le théâtre du GYMNASE,
le 29 décembre 1868.

LIBRAIRIES DE MICHEL LÉVY FRÈRES

DU MÊME AUTEUR

LES PATTES DE MOUCHE, comédie en trois actes, en prose.
NOS INTIMES! comédie en quatre actes, en prose.
LES GANACHES, comédie en quatre actes, en prose.
LES DIABLES NOIRS, drame en quatre actes, en prose.
PICCOLINO, comédie en trois actes, en prose.
LA PERLE NOIRE, comédie en trois actes, en prose.
M. GARAT, comédie en trois actes, en prose.
LES GENS NERVEUX, comédie en trois actes, en prose.
LA PAPILLONNE, comédie en trois actes, en prose.
LES PRÉS SAINT-GERVAIS, comédie en deux actes, en prose.
L'ÉCUREUIL, comédie en un acte, en prose.
LA TAVERNE, comédie en trois actes, en vers.
LES PREMIÈRES ARMES DE FIGARO, comédie en trois actes, en prose.
BATAILLE D'AMOUR, opéra-comique en trois actes, en prose.
LE DÉGEL, comédie en trois actes, en prose.
LES FEMMES FORTES, comédie en trois actes, en prose.
DON QUICHOTTE, comédie en trois actes, huit tableaux, en prose.
LES POMMES DU VOISIN, comédie en trois actes, quatre tableaux.
LE CAPITAINE HENRIOT, opéra-comique en trois actes.
LES VIEUX GARÇONS, comédie en cinq actes, en prose.
LA FAMILLE BENOITON, comédie en cinq actes, en prose.
NOS BONS VILLAGEOIS, comédie en cinq actes, en prose.
LA MAISON NEUVE! comédie en cinq actes.

LA PERLE NOIRE

ROMAN

Un volume grand in-18

CLICHY. — Impr. M. LOIGNON, P. DUPONT et Cie, rue du Bac-d'Asnières. 12.

SÉRAPHINE

COMÉDIE

EN CINQ ACTES

PAR

VICTORIEN SARDOU

DEUXIÈME ÉDITION

ML

PARIS

MICHEL LÉVY FRÈRES, ÉDITEURS
RUE VIVIENNE, 2 BIS, ET BOULEVARD DES ITALIENS, 15
A LA LIBRAIRIE NOUVELLE

1869

PERSONNAGES

DE MONTIGNAC..................................	MM.	PUJOL.
LE BARON DE ROSANGES.................		NERTANN.
PLANTROSE...................................		LANDROL.
CHAPELARD..................................		PRADEAU.
ROBERT.......................................		BERTON.
SULPICE.......................................		VICTORIN.
AMBROISE, domestique.....................		BLONDEL.
DOMINIQUE, domestique...................		ULRIC.
SAVINIEN, groom...........................	Mlle	JEANNE.
SERAPHINE...................................	Mmes	PASCA.
YVONNE.......................................		ANTONINE.
AGATHE.......................................		ANGELO.
PELAGIE......................................		SOYER.
ZOÉ..		MAGNIER.
URSULE.......................................		GEORGINA.

La scène est de nos jours, à Paris.

Pour la mise en scène exacte et détaillée, s'adresser à M. Hérold, régisseur au théâtre du Gymnase.

SÉRAPHINE

ACTE PREMIER

Le théâtre représente un salon sévèrement, mais richement meublé.
Portes au fond et dans les angles. Cheminée et canapé à droite.
Table à gauche. — Un fauteuil à droite, premier plan.

SCÈNE PREMIÈRE

SULPICE, DOMINIQUE.

Ils entrent par le fond.

SULPICE.

Alors madame la baronne est à l'église?

DOMINIQUE.

Ces dames viennent de partir, monsieur Sulpice; mais si
vous voulez les rejoindre...

SULPICE.

Je suis un peu fatigué. Je vais me reposer un instant.

Il s'assied.

DOMINIQUE.

On n'a pas eu le plaisir de voir monsieur hier au soir.
Monsieur a bien perdu... Nous avons eu une superbe con-
férence.

SULPICE.

Ici?

DOMINIQUE.

Oui, monsieur : dans ce salon, où M. Chapelard, votre tuteur, a parlé une bonne heure durant.

SULPICE.

Et M. de Plantrôse était-il présent?

DOMINIQUE.

Oh! monsieur, cela ne l'eût pas converti! un impie, celui-là!...

SULPICE,

Ah! ce gendre est une bien grande plaie pour la famille.

DOMINIQUE.

Comment M. le baron a-t-il pu lui donner sa fille aînée? Il est vrai qu'en ce temps-là, M. le baron... enfin, que voulez-vous; nous tolérons ce gendre...

SULPICE.

Le malheur est qu'il habite l'hôtel.

DOMINIQUE.

A qui le dites-vous? je le reconnais rien qu'à son coup de sonnette!... une secousse, là! vlan!... On sent l'homme qui ne respecte rien!

SULPICE.

Heureusement, il est plus souvent dehors qu'ici! Et puis il repartira quelque matin. — Un voyageur enragé!...

DOMINIQUE.

Eh bien! oui; mais c'est encore un faux voyageur. Les vrais ne reviennent pas, on n'entend plus parler d'eux! Celui-là, il revient toujours!...

SULPICE, se levant.

Chut! mon bon Dominique, il ne faut souhaiter de mal à personne... tout haut!...

On entend sonner très-vivement.

DOMINIQUE.

Tenez! qu'est-ce que je dis? Son coup de sonnette! jaco-
bin, va! (La porte du fond s'ouvre et laisse voir Plantrôse et Robert
donnant au groom leurs paletots. — Baissant la voix.) Et ils sont deux
encore! Un inconnu avec lui!

SULPICE.

Un jeune homme ici!

Il examine du coin de l'œil, tout en parcouran
des journaux et des brochures.

SCÈNE II

Les Mêmes, PLANTROSE, ROBERT.

PLANTROSE.

Madame la baronne n'est pas encore rentrée?

DOMINIQUE.

Non, monsieur, pas encore.

PLANTROSE, à Robert.

Veux-tu attendre?

ROBERT.

Mais si tu veux bien *.

SULPICE.

Je vais rejoindre ces dames à Saint-Sulpice, messieurs; si
vous avez à leur faire dire?...

PLANTROSE.

Mille grâces, monsieur **.

* Sulpice, Dominique, Plantrôse, Robert.
** Dominique, Sulpice, Plantrôse, Robert.

DOMINIQUE, bas à Sulpice en lui donnant son chapeau.

Encore quelque sans-culotte comme lui !

SULPICE, de même.

Je le crains.

DOMINIQUE, de même.

J'en réponds, monsieur! il a quelque chose de matérialiste dans l'œil.

SULPICE, de même.

Nous allons bien voir !... (Haut.) Si monsieur veut un journal pour patienter ? voici l'*Abeille mystique*. Un très-bel article qui réhabilite complétement l'abbé Dubois ! *

PLANTROSE.

Joli travail !.. De qui, ça?..

SULPICE.

De M. Goudon , le même qui a déjà réhabilité les Borgia !...

ROBERT, assis à droite.

Il prouve que c'est eux qu'on empoisonnait ?

SULPICE, à Dominique, à part, en remontant.

Ce jeune homme est dangereux, Dominique ; il doit venir dans de coupables pensées. Il serait louable de le surveiller .

DOMINIQUE, de même.

Oui, monsieur Sulpice !

SULPICE, de même.

Si vous pouviez même savoir un peu ce qu'ils disent.

DOMINIQUE, de même.

Les écouter?

SULPICE, sur le seuil de la porte.

Ah ! les écouter !... non !... les entendre seulement. (Haut saluant.) Messieurs !...

ROBERT.

Monsieur !

Sulpice sort. Dominique le suit.

* Plantrôse, Dominique, Sulpice, Robert.

ACTE PREMIER

SCÈNE III

PLANTROSE, ROBERT.

PLANTROSE.

Ah çà ! maintenant que nous voilà seuls, tu connais donc ma belle-mère, toi ?

Ils s'asseyent sur le canapé.

ROBERT.

Du tout ?

PLANTROSE.

Et je te trouve, à huit heures du soir, sonnant à sa porte.

ROBERT.

Je te conterai cela !... Mais, surprise pour surprise, je te croyais en Afrique.

PLANTROSE.

J'arrive. Tu as des nouvelles de ton excellent oncle ?

ROBERT.

Je l'attends !

PLANTROSE.

Contre-amiral toujours ?

ROBERT.

Je crois bien qu'il va passer vice-amiral au premier jour.

PLANTROSE.

Ce brave Montignac ; voilà bien cinq ans qu'il est parti !... J'aurai plaisir à le voir !

ROBERT.

Et moi à le connaître ! Collégien, les jours de sortie, j'étais consigné ! Étudiant, je menais une vie !... Si je l'ai vu dix fois, c'est le plus !... et encore, cinq fois pour recevoir des galops.

PLANTROSE.

Plains-toi : un homme qui t'a tenu lieu de père, qui n'a pas d'enfants, dont tu es le seul héritier, avec ta sœur... Et qui t'a toujours traité...

ROBERT.

Trop doucement : c'est ce dont je me plains. Sa générosité n'a fait de moi qu'un oisif... et je m'ennuie !...

PLANTROSE.

Si c'est pour t'égayer que tu viens le soir rue Cassette, à trois cents lieues de toute civilisation européenne.

ROBERT.

Ah ! le fait est que, pour qui sort du vrai Paris !... Ce quartier silencieux et recueilli... ; cette rue mal éclairée, sans voitures, sans passants, sauf quelque rare paroissienne hâtant le pas vers l'office du soir... cette vieille maison et sa lourde porte, munie d'une chatière, le vestibule glacial, l'escalier de pierre monastique... le concierge qui a l'air d'un suisse, le valet de chambre qui a l'air d'un bedeau, le groom qui a l'air d'un enfant de chœur... C'est curieux comme une page de Balzac ou un voyage en province... Et quand on a dîné chez Brébant en société assez houleuse, le contraste est piquant.

PLANTROSE.

Qui diable peut amener un blasé tel que toi, si loin des écrevisses et des demoiselles bordelaises ?

ROBERT.

Le motif le plus banal, mon cher ami. On me démolit pour le percement de la rue Réaumur... je cherche un logement... je trouve au quai Voltaire un entresol exquis... Le concierge me dit, après un coup d'œil inquisiteur : « Monsieur est rentier ? — Oui. — Marié ? — Non ! — Monsieur doit mener alors une vie bien dissipée ?... »

PLANTROSE.

Paternel, ce concierge !

ROBERT, continuant.

— « Vous êtes bien curieux ! — Madame la baronne,
monsieur, s'est fait une loi de n'admettre pour locataires
que des personnes bien pensantes. » Ma foi, l'entresol me plait !
Je demande l'adresse de la baronne. On m'indique cet
hôtel !... Je viens tantôt ; madame ne reçoit que le soir ; et
je te trouve, enchanté qu'un introducteur tel que toi, plaide
et gagne ma cause auprès de ta belle-mère !...

PLANTROSE, se levant.

Ah ! tu tombes bien !... jolie recommandation que la
mienne !

ROBERT.

Son gendre ?

PLANTROSE.

Qu'elle renie. Un païen tel que moi... Racca !...

ROBERT, se levant.

Ah bah !

PLANTROSE.

Mon bon ami, quand je me suis marié, il y a six ans,
c'était encore possible... je connaissais de longue date la
baronne, par ton oncle, jadis fort assidu dans la maison,
maison charmante d'ailleurs en ce temps-là !... le baron,
un bonhomme, et deux filles, l'une d'un premier lit, Agathe ;
l'autre, Yvonne, de son mariage avec la baronne ; une jolie
enfant très-gaie, très-souriante, et dont ils travaillent aujourd'hui à faire une religieuse.

ROBERT

Ah ! pauvre fille !

PLANTROSE.

Je m'amourachai d'Agathe, j'épousai... Et comme tous les
nouveaux mariés qui ne font que des sottises, je consentis à
demeurer sous le même toit que ma belle-mère. Si tu as jamais à opter de vivre avec ta belle-maman ou de te brûler

la cervelle, n'hésite pas, mon ami !... Brûle-la-lui !... C'est la
seule issue ! Dans les premiers temps, tout marchait à
souhait. Mais des intérêts très-graves m'appelèrent à New-
York. Parti pour quelques semaines, je n'en revins qu'au
bout de quelques mois ! Ils avaient suffi à ma belle-mère
pour franchir le terrible fossé qui sépare la vraie piété de
la dévotion excessive, et pour entraîner dans son évolution
ma pauvre petite femme, soumise à son influence comme au
temps de sa première poupée ! De ce jour, mon ménage fut
perdu. C'est un enfer ! Qu'il te suffise de savoir que ma
femme, toute à ses pratiques religieuses, me ramène peu à peu
aux conditions du célibat ! Dépité, écœuré, je me suis jeté
dans la botanique, les voyages, les découvertes, et je suis
parti pour l'Afrique !... Autre sottise ! Où j'avais laissé le
mal, je retrouvai le pire ! Bref ! je suis à bout ! Il est temps
d'agir, et je prépare ici un petit coup d'État !

ROBERT.

Et tout cela par la faute...

PLANTROSE, s'asseyant à gauche.

De Séraphine...

ROBERT.

La baronne s'appelle Séraphine ?

PLANTROSE.

Oui.

ROBERT

C'est complet !. Je la vois d'ici !

PLANTROSE.

Et comment la vois-tu ?

ROBERT.

Parbleu ! une petite vieille toute ratatinée, gratinée, dou-
blement racornie par les glaces de l'âge et par les ardeurs
de la foi !

PLANTROSE.

Autant d'erreurs que de mots ! Après avoir été l'une des

femmes les plus délicieuses du noble faubourg, la baronne, entre un mari de soixante ans et une fille de dix-sept, est demeurée femme, et très-femme, avec toute les grâces de l'emploi... et de l'esprit jusqu'au bout des ongles !... Seulement, depuis la dévotion, l'esprit tourne au vinaigre, et l'ongle tourne à la griffe !

ROBERT, s'asseyant.

Encore jolie ?

PLANTROSE.

Mais oui ! et moins détachée qu'elle ne le croit de ces habitudes de femme à la mode qui la scandalisent chez les autres ! Regarde ce salon ! où la mondaine d'autrefois le dispute encore à la nouvelle convertie ! Le tapis est sombre, mais il est doux au pied. Les meubles affectent des formes austères qui protestent contre les contorsions avachies du mobilier moderne ; mais les coussins sont d'un moelleux qui rappelle que la chair a ses droits... Tu trouverais ici partout cette alliance du comfort et de l'austérité !... Une chapelle dans un boudoir.

ROBERT.

Bref, une ancienne coquette, ta baronne ?

PLANTROSE.

Hélas, mon cher ami, pense que nous étions, il y a quelques années à peine, la femme la plus adulée, la plus adorée ! Ce n'était que spectacles, fêtes, bals et concerts ! Et des toilettes !... notre apparition dans un salon faisait événement, nous étions, d'un consentement unanime, la belle madame de Rosanges ! En 45, à l'aurore de la polka (tu n'as pas vu ça, toi, tu étais à peine au monde), Séraphine dansant la polka suivant la méthode Laborde ou Cellarius... (il se lève.) Quel tableau !. J'ai vu des pairs de France (Ils étaient pairs de France en ce temps-là !) monter sur les banquettes, oublieux de leur âge, comme ils l'ont été plus tard de tout le reste !

ROBERT, se levant.

Et sans indiscrétion, les galants?.

PLANTROSE.

Ah!... L'armée, la magistrature, la finance, les hauts corps de l'État! Paris entier, traversé par elle, il faut le dire, le front haut, la raillerie aux lèvres; un sourire à droite, un coup d'œil à gauche... sans que la médisance ait jamais terni d'un soupçon, une vertu passée proverbe avec sa beauté.

ROBERT.

Et la voilà prude comme ça! tout à coup?

PLANTROSE.

Oh! si vite, non! Cela s'est fait peu à peu, avec les années qui viennent et les grippes qui se renouvellent! jusqu'au jour où, dans ces mêmes salons, nous n'avons plus trouvé à nos côtés... que le dernier, le seul de nos pairs de France d'autrefois... endormi sur sa banquette!

ROBERT.

Triste! triste

PLANTROSE.

C'est ce soir-là, mon bon ami, que, frappée d'un remords subit, on jure de détester tout ce que l'on ne peut plus faire, et de renoncer à tout ce qui nous abandonne!

ROBERT.

Et depuis lors une dévotion?

PLANTROSE.

Oh! de la dévotion! du fanatisme! Et puis peu à peu, l'ambition s'est révélée! à tant faire que de s'humilier devant Dieu, on n'a pas voulu que cette humiliation même fût sans éclat! Dès lors, tout en œuvre pour cette fin... Pratiques assidues, bruyantes initiatives, patronages de confréries, quêtes de charité, et tombolas tapageuses! Tout ce qui s'imprime, tout ce qui s'affiche! tout ce qui s'étale! Enfin, la même vanité, sous un autre nom; et, après la coquetterie coupable des choses mondaines, celle plus coupable encore des choses sacrées.

ROBERT.

Et elle a réussi !

PLANTROSE.

Amplement. Nous ne sommes plus aujourd'hui pour tout le monde que : La sainte baronne. Mais ce triomphe a son amertume. Des rivales ! une surtout... madame d'Armoise ! Par son mari, légitimiste influent, madame d'Armoise a sur nous un grand avantage : Elle possède un salon !

ROBERT.

Et c'est cela que Séraphine envie ?

PLANTROSE.

Avec raison!... ce salon est une coterie, et toute coterie est une force... On ne s'y amuse pas, mais on complote, on y popote, on y papote !... c'est un club où s'élaborent mille projets, où se nouent mille intrigues : il s'y fabrique des réputations de clocher et des candidatures occultes qui font leur chemin dans l'ombre plus sûrement que d'autres à l'air libre. Grande comme ça à la surface, cette congrégation souriante a sous terre des kilomètres de tunnels et de corridors ! Elle tient à tout, touche à tout. C'est un petit gouvernement dans l'État !... qui a son journal, ses finances et surtout sa police, par la mystérieuse confrérie des dames quêteuses qui savent tout et des valets bien pensants qui devinent le reste.

ROBERT.

Charmant milieu !

PLANTROSE.

Un salon qui supplante celui des d'Armoise, voilà le rêve de

Séraphine, et, je la connais, elle y dépensera désormais toute sa vie... aujourd'hui surtout que le baron n'est plus un obstacle!

ROBERT.

Il est mort!

PLANTROSE

Il est converti!

ROBERT.

Depuis?

PLANTROSE.

Un mois à peine!... Ce bon gentilhomme, autrefois colonel de spahis, présentait ici le plus beau cas d'indifférence religieuse que j'aie vu de ma vie... La goutte se déclare... Séraphine saisit l'occasion : elle lui glisse ce bon M. Chapelard entre deux médecins. Dominé par la douleur, mon baron s'attendrit, il fait maigre, il jeûne!... plus de goutte!... Miracle!. . Chapelard lui promet qu'elle ne reviendra plus, s'il pratique. Touché de la grâce hygiénique, il va à l'église, comme il irait aux eaux, sans conviction, mais pour essayer. Et le vieux soudard d'autrefois ne se révèle plus jusqu'à nouvel ordre que par de brusques détonations de jurons que Séraphine s'efforce de convertir en exclamations pieuses.

ROBERT.

Mais qu'est-ce que ce bon M. Chapelard.

PLANTROSE.

Le tuteur de Sulpice.

ROBERT.

Ce jeune paroissien?

PLANTROSE.

Oui, pour qui Chapelard a une affection toute paternelle.

ROBERT.

Et ce Chapelard ?

PLANTROSE.

Un simple marguillier, ami de la maison, discret, fin, rusé...
de l'esprit... un bel appétit... toujours le sourire aux lèvres,
jamais inquiet, celui-là !... encore moins inquiétant... des
recettes admirables pour les cas désespérés !... Une façon à
lui de tourner la morale... Enfin, la religion aimable et
facile... Tu vois ça d'ici.

ROBERT.

Eh bien ! mais me voilà fixé, moi, je m'en vais !

PLANTROSE.

Pourquoi ?

ROBERT.

La question de l'entresol est vidée ! J'ai mon congé.

PLANTROSE.

Bah !... essaye toujours ! et puis ils sont bons à voir.

ROBERT.

Pas longtemps !

Il s'assied à droite.

PLANTROSE.

Et nous retournerons ensemble à Paris : je vais à l'Opéra !
Mais j'ai d'abord trois mots à dire à ma femme. Je profiterai
du moment où tu parleras à la mère !

ROBERT.

Tu en es là?

PLANTROSE.

J'en suis là !

ROBERT.

Soit ! nous irons à l'Opéra, nous ennuyer de compagnie.

PLANTROSE.

Décidément, tu t'ennuies, toi?

ROBERT.

A mourir !

PLANTROSE.

Va au Brésil, avec ton oncle.

ROBERT.

C'est trop chaud !

PLANTROSE.

Alors marie-toi.

ROBERT.

C'est trop froid.

PLANTROSE.

Tu n'as pourtant rien de mieux, jeune fou, pour te sauver du marasme où tu croupis.

ROBERT.

Oui, c'est encore gentil tout ce qu'on m'offre... Des poupées !

PLANTROSE.

Il n'y a pas que des poupées ?

ROBERT.

Une ingénue, n'est-ce pas?... Merci!...

PLANTROSE.

Comment, petit blasé, tu ne crois pas?...

ROBERT, se levant.

A l'innocence des filles couvées sous l'œil maternel?... Eh bien ! parlons-en!... Je viens d'en voir un joli spécimen tout à l'heure.

PLANTROSE.

Quoi ?...

ROBERT.

Je venais par la place et je longeais la mairie!. . Trois femmes descendaient devant moi, toutes trois encapuchonnées à ne pas les voir, et leurs livres de messe à la main ? A la hauteur de la boîte aux lettres, elles traversent la chaussée :

je me retourne par curiosité et je vois ! mes trois femmes à
la file ; et la dernière qui, s'étant assurée qu'elle n'est pas
vue des deux autres, glisse une lettre dans la boîte, puis
modestement reprend sa marche à leur côté... Tout cela exécuté !... mais pas si vite que son capuchon, quoique rabattu,
ne m'ait laissé voir des traits d'une jeunesse, d'une candeur !... Elles étaient déjà loin que je restais là, ahuri de
l'aventure et me disant : « Soupçonnera-t-il jamais ce que
j'ai vu, celui qui quelque jour épousera cette innocente ? »

PLANTROSE.

Bah ! As-tu bien vu ?

ROBERT.

Comme je te vois.

PLANTROSE.

Et puis après tout, quoi ?

ROBERT.

Comment, après tout... Une lettre glissée dans la boîte en
secret ! Peste ! quelle ingénue !

PLANTROSE.

Un enfantillage !... quelque correspondance avec une amie
de pension.

ROBERT.

Avoue que tu n'en crois pas un mot ! Une lettre d'amour,
le petit cousin traditionnel ! ou quelque chose comme ça...

PLANTROSE.

Hé bien, après ? De ce que celle-là est légère, tu conclus ?

ROBERT.

Que toutes peuvent l'être.

PLANTROSE.

Gamin, va !... C'est corrompu avant de venir au monde ! Il
ne te manquait plus, libertin comme tu l'es, que de la
suivre... et...

ROBERT, vivement.

Mais, soit tranquille ! Je sais la route, je la retrouverai ! un mystère à pénétrer ! Et de cet âge-là... Voilà de quoi me distraire pour un grand mois ! Demain je me mets en campagne !...

PLANTROSE.

Pour exploiter la découverte à ton profit ?

ROBERT.

Parbleu !

PLANTROSE.

Mais c'est une infamie, garnement ! Tu vas procéder par la menace et l'intimider ?...

ROBERT, riant.

Au contraire ! Je compte l'enhardir !

PLANTROSE.

Chut ! Le baron.

SCÈNE IV

LES MÊMES, LE BARON, DOMINIQUE *.

PLANTROSE.

Ah ! bonsoir, baron, comment va ?

LE BARON.

Ne m'en parlez pas, Olivier, je viens de l'église... je suis gelé !...

Il va à la cheminée.

PLANTROSE.

Ces dames sont avec vous ?

LE BARON, très-mécontent.

Oui. Elles sont là dans leurs chambres, à ôter leur four-

* Robert, Plantrôse, Dominique, le baron.

niment. (A Dominique.) Eh bien, mon chapeau, toi ?... Qu'est-ce
que tu veux que j'en fasse, à présent?...

> Dominique emporte le chapeau.

PLANTROSE.

Mon cher beau-père, permettez-moi de vous présenter mon
ami Robert, qui aspire à devenir votre locataire...

LE BARON, saluant gracieusement.

Monsieur!... Mais c'est l'affaire de la baronne, ça!...
(Il tousse). Allons ! je tousse, tenez, à présent... avec leur sa-
tané... nom de nom, va !...

PLANTROSE.

Aussi, baron, c'est un vilain temps pour sortir le soir. A
votre place, moi, je serais resté au coin du feu.

LE BARON, s'étranglant à tousser.

Crédié ! Si on m'avait demandé mon avis !

PLANTROSE.

Vous auriez passé là une bonne soirée, les pieds sur les
chenets... et le cigare aux dents !

LE BARON, baissant la voix.

Olivier !... Ce que je donnerais, mon ami, pour fumer une
pipe !

PLANTROSE.

Eh bien, qui vous empêche?...

LE BARON.

Le carême !

PLANTROSE.

C'est gras, le tabac?

LE BARON.

La baronne prétend que j'y prends trop de joie. L'absti-
nence me mortifie !

PLANTROSE.

Et le café ? supprimé aussi ?

2

LE BARON.

Vous ne le savez pas? Au fait, c'est vrai... on ne vous voit plus à dîner, vous !

PLANTROSE.

Oh ! non, moi, par ce temps-ci !

LE BARON.

Vous avez bigrement raison ! Ils m'ont fait manger ce soir de la morue !... Alors je ne digère plus, vous comprenez. Plus de café !... Plus de tabac !... Les pieds gelés !... Nom de nom ! Si ce n'était pas pour être agréable au ciel !

PLANTROSE.

Et encore si on en était sûr que ça lui est agréable !

LE BARON.

Mais c'est qu'on n'est pas sûr du tout ! Voilà ce que je me dis tout le temps.

PLANTROSE.

Voilà !

LE BARON.

Crédienne... Olivier ! Si je savais qu'on m'ait fait geler comme ça et manger de la morue pour rien !... Mille tonnerres !...

SCÈNE V

LES MÊMES, SÉRAPHINE *.

SÉRAPHINE, entre du fond au dernier mot, et entendant le juron.

Baron !

LE BARON, timidement.

Pardon, chère amie... c'est Plantrôse qui..

* Robert, Plantrôse, Séraphine, le baron.

SÉRAPHINE.

Ah ! M. de Plantrôse est là ?... Tout s'explique !

PLANTROSE.

Madame la baronne, le hasard m'a fait rencontrer sur le pas de votre porte M. Robert de Favrolles, que j'ai l'honneur de connaître un peu et qui venait vous présenter une requête.

SÉRAPHINE, s'asseyant sur le canapé.

Que monsieur prenne la peine de s'asseoir !

ROBERT *.

Je n'aurais pas commis l'indiscrétion, madame, de me présenter ce soir, si j'avais eu le bonheur d'être admis tantôt. C'est une affaire de si mince importance...

Il s'assied, ainsi que le baron.

SÉRAPHINE, très-gracieusement.

De quoi s'agit-il, monsieur ?

ROBERT.

Vous êtes propriétaire, madame, d'une maison sur le quai Voltaire ?

SÉRAPHINE.

Sur le quai Voltaire, en effet, monsieur, puisqu'on ne s'est pas encore décidé à lui donner un meilleur nom.

PLANTROSE, à part.

Ça viendra.

ROBERT.

Je serais très-heureux, madame, de louer votre entresol !... et je trouve si naturel que vous n'acceptiez pour locataires que les personnes qui ont le bonheur de vous plaire...

SÉRAPHINE.

Mon concierge a dû vous dire, monsieur, que par principe je n'admets que celles qui n'ont aucune profession.

* Plantrôse, Robert, Séraphine, le baron.

PLANTROSE.

Encourageant pour les travailleurs !

ROBERT.

Je suis rentier, madame, et je ne fais œuvre de mes dix doigts.

SÉRAPHINE, toujours avec douceur.

A la bonne heure !... Par principe encore monsieur je n'admets que des personnes mariées.

ROBERT.

Malheureusement, madame, je ne le suis pas !

SÉRAPHINE.

Du moins, monsieur, pensez-vous à le devenir ?

ROBERT.

Si sérieusement, madame, que je ne me presse pas trop.

SÉRAPHINE.

Et vous n'avez, j'espère, aucune liaison criminelle ?

ROBERT.

Criminelle, oh ! non, madame, je n'ai jamais eu besoin de recourir au crime !...

SÉRAPHINE.

J'entends que mes locataires ne seront pas exposés à rencontrer dans l'escalier de ces femmes qui sont la honte de leur sexe ?...

ROBERT.

Quand elles en sont là, madame, je ne les reçois plus.

PLANTROSE, bas à Robert.

Pas mal jésuite, toi !

SÉRAPHINE.

Maintenant, monsieur... je vous demande pardon de cet examen de conscience !...

ROBERT.

Comment donc, madame... quand une conscience est pure comme la mienne !

SÉRAPHINE.

Vous avez sans doute des principes politiques?

ROBERT.

Madame, en politique, je laisse faire. . persuadé que tout ce que je pourrais dire ou rien, serait la même chose.

SÉRAPHINE.

C'est bien équivoque, monsieur. Dois-je conclure que vous n'êtes pas satisfait de ce gouvernement-ci?

ROBERT.

Oh ! madame, qui est-ce qui est content du gouvernement qu'il a?

PLANTROSE, à part.

Faux comme un jeton !...

SÉRAPHINE.

Et sans doute, vos principes religieux sont d'accord ?

ROBERT.

Absolument, madame! c'est aussi net!...

SÉRAPHINE.

Et vous pratiquez?...

ROBERT.

Tous les dimanches. madame, à l'heure de la grand'messe, vous pourriez me voir à la sortie de la Madeleine.

LE BARON.

C'est tout ce qu'on peut attendre raisonnablement d'un jeune homme.

SÉRAPHINE, gracieusement.

Sans doute! c'est un commencement!...

ROBERT, bas, à Plantrôse.

J'ai mon entresol!...

PLANTROSE.

Pas encore!... plus fine que toi.

SÉRAPHINE.

Néanmoins... tout cela, monsieur, est bien vague et mérite plus d'examen.

PLANTROSE, bas à Robert.

Vois-tu!...

SÉRAPHINE.

N'avez-vous pas quelque personne honorable, qui puisse se porter garante de votre moralité?

ROBERT.

Si madame! (Bas à Plantrôse.) Mon oncle!

PLANTROSE, de même.

Jamais!... ils ont brouillés!

Il descend à l'avant-scène de gauche.

ROBERT, bas.

Diable! (Haut.) Si, madame... si... Je puis me recommander de... d'une voisine à vous, madame de Courteuil.

SÉRAPHINE, vivement.

Vous connaissez madame de Courteuil?

ROBERT.

J'ai l'honneur d'être son cousin.

SÉRAPHINE.

Oh! mais c'est très-bien!... Je ne veux pas d'autre répondant!

PLANTROSE, à part.

Tiens, qu'est-ce qu'il y a?

ROBERT, se levant.

Alors, madame, je puis espérer?

Le baron se lève.

SÉRAPHINE.

Assurément, monsieur; mais ne vous retirez pas, de grâce! Vous voudrez bien prendre le thé avec nous... madame de Courteuil vous présente, et je me fais un plaisir de vous recevoir...

ROBERT.

Madame, vous êtes mille fois trop bonne!

SÉRAPHINE.

Baron, je vous prie, sonnez pour le thé!

ROBERT, à Plantrôse, bas

Tu comprends?

PLANTROSE, de même.

Pas du tout. — Tu es si bien que ça chez les Courteuil?

ROBERT, de même

Peut-être! je ne les ai pas vus depuis six ans! Quel interrogatoire!... l'inquisition...

PLANTROSE.

Je te l'ai dit... une fanatique!... (La porte du fond s'ouvrant, on voit Agathe qui achève de disposer un plateau que porte le domestique). Bon! voici Agathe, ma femme. Contemple, je te prie, les évolutions de Séraphine pour m'empêcher de causer longtemps avec elle.

ROBERT*.

Et l'autre fille? où donc?

PLANTROSE.

Yvonne! ah! je n'en sais rien, la pauvrette!... on la voit si peu.

Le baron s'est assis sur le canapé.

SCÈNE VI

LES MÊMES, AGATHE, préparant le thé, ZOÉ, PÉLAGIE.

DOMINIQUE, annonçant, tandis que Plantrôse présente Robert à Agathe.

Madame de Vriges.

* Robert, Plantrôse, Agathe, Séraphine, le baron.

PLANTROSE, à Robert.

Une veuve!...

DOMINIQUE.

Mademoiselle de Beauluisant!

PLANTROSE. à Robert.

Une vieille fille!

SÉRAPHINE*.

Comment c'est vous! chères bonnes!

ZOÉ, très-vive, très-leste.

C'est nous!... bonjour, ma toute belle!... Messieurs!... baron!... ah! non, il dort!... non, vous dormez, baron, ne bougez pas! c'est convenu!

SÉRAPHINE.

Vous en sortez?

PÉLAGIE, de même.

Oui, nous nous sommes retrouvées dans la foule!

ZOÉ.

Et comme il faisait beau!...

> Plantrôse profite des salutations pour se rapprocher de sa femme. Zoé et Pélagie s'asseyent.

PÉLAGIE.

J'ai dit: Poussons à pied jusque-là... nos voitures suivront.

ZOÉ.

Et nous voilà!

SÉRAPHINE.

Vous allez prendre le thé avec nous! (Appelant) Agathe!

> Agathe quitte son mari vivement.

AGATHE.

Ma mère!

> Elle sert le thé, aidée de deux domestiques.

* Robert, Plantrôse, Agathe, Zoé. Pélagie. Séraphine. le baron.

PLANTROSE, à part.

Et d'une !

Il s'assied à gauche avec Robert.

ZOÉ.

Oh ! moi, d'abord, pour rien au monde je ne me serais couchée sans épancher mon enthousiasme.

PÉLAGIE.

Quelle soirée !

SÉRAPHINE.

Oh ! c'est un vrai triomphe !

ZOÉ, avec chaleur.

Non ! mais a-t-il été assez beau ! Convenez-en !... Est-on beau comme ça ?

AGATHE, de même.

Quelle diction !

PÉLAGIE.

Quels gestes !

SÉRAPHINE.

Et que de monde !

ZOÉ.

J'avais dans mon épaule droite un vieux monsieur, qui me disait : Croiriez-vous, madame, que j'ai dû retenir ma place depuis trois jours ?

PÉLAGIE.

Ah ! pour un succès ! c'est un vrai succès.

PLANTROSE.

Pardon, mesdames ; il y avait donc une première représentation, ce soir ?...

ZOÉ et PÉLAGIE.

Une première ?..

PLANTROSE.

Oui : vous sortez de l'Odéon, n'est-ce pas ?

Un domestique apporte un guéridon chargé de gâteaux, etc., devant la cheminée.

ZOÉ.

Mais d'où sortez-vous vous-même?.. Nous venons d'entendre le père Anselme.

PLANTROSE.

Ah! il s'agit!... Pardon!... mais, à la façon dont vous parlez, j'ai cru que vous sortiez du spectacle.

PÉLAGIE

Par exemple!

ZOÉ, à Agathe.

Mais où étiez-vous donc, mon cher cœur?...

AGATHE.

Mais, à notre place ordinaire!

ZOÉ.

Derrière madame de Luzy.

AGATHE.

Justement!

ZOÉ.

Ah! ma chère, j'aurais dû vous voir. Quelle toilette, cette femme! C'est un flambeau!

AGATHE.

Le fait est que ce jaune, le soir!...

PÉLAGIE.

Et ses rougeurs avec çà! Mais qu'est-ce qu'elle a donc maintenant à rougir comme ça?

AGATHE.

Oui, elle bourgeonne!

ZOÉ.

Elle bourgeonne! elle éclate!. .

SÉRAPHINE.

Voyons, un peu d'indulgence : elle est encore moins rouge que madame Hermosillas!

ZOÉ.

Oh! celle-là, c'est un volcan !

PÉLAGIE.

Et fagoté !

ZOÉ.

Ce chapeau noir et rouge, avec des torsades de jais !

SÉRAPHINE.

C'est moins ridicule encore que sa fameuse robe décolletée du bal de bienfaisance !

PÉLAGIE.

Décolletée, quelle horreur !

ROBERT, à Plantrose, tous les deux assis, à gauche.

Mais non, quand c'est joli !

PLANTROSE.

Veux-tu te taire !

ZOÉ.

Moi, j'étais à côté de la petite Lusignan, qui a l'air d'un bébé !

PÉLAGIE, avec aigreur.

Peut-on marier une enfant aussi jeune que cela. C'est in-décent !

PLANTROSE, bas à Robert.

Pélagie n'a pas trouvé de mari !

ROBERT, de même.

Je vois bien !

ZOÉ.

Et à propos, la grosse vicomtesse ne se remarie donc pas ?

PÉLAGIE.

Il est temps ! on a assez jasé sur ce fameux capitaine !

AGATHE.

Oh ! c'est une calomnie !

SÉRAPHINE, doucement.

Mais oui! on calomnie le capitaine !

PLANTROSE.

Pardon encore! mesdames! sur quoi a-t-il prêché ce soir.
le père Anselme ?

ZOÉ.

Sur la charité chrétienne !

PLANTROSE.

C'est bien ça! (A part). Voilà comme elles en profitent!

ZOÉ.

Au fait, mais vous revoilà, vous, on ne vous voit plus ! je
vous croyais reparti pour l'Abyssinie !

PLANTROSE.

J'y pense !

PÉLAGIE, qui s'est levée, à Plantrose qui se lève pour l'écouter.

Oh ! la belle occasion, monsieur, de fonder là-bas une
mission catholique, qui paralyse l'influence anglicane triomphant de Théodoros !

SÉRAPHINE.

Ah ! c'est bien M. de Plantrose qui aurait de tels soucis !...
Se faire l'apôtre des idées catholiques au delà des mers, fi
donc ! Monsieur, lui, circule en commis-voyageur du pro-
grès... Il étudie les civilisations exotiques dans leurs rapports
avec le tissage du lin et l'élève des vers à soie. Il ne porte-
rait pas aux Abyssins un livre sublime : l'*Imitation*, qui
les rendrait meilleurs : oh ! non! il leur porte le savon de
la *Société hygiénique* qui les rend plus propres!... Une
théorie moderne... Le savon nettoie...donc il moralise!...
n'est-ce pas ?

PLANTROSE.

C'est mon humble avis !

Il va s'adosser à la cheminée.

ZOÉ

Et qu'avez-vous rapporté en échange, à votre dernier
voyage !

PLANTROSE.

Oh ! ne m'en parlez pas, vicomtesse, un tas d'animaux
empaillés, d'herbes et de cailloux.

PÉLAGIE.

Des herbes ?

PLANTROSE.

Une entre autres, signalée déjà par Rochet d'Héricourt, et
qui guérit la morsure des chiens enragés !

ZOÉ.

Mais c'est de la pharmacie, ça !

Elle se lève et passe à gauche.

PLANTROSE.

Pas autre chose, madame ! que voulez-vous ? chacun prend
son plaisir où il le trouve ! Je n'aurais pas fait quatorze pas
pour contrarier Théodoros dans ses convictions... Mais j'ai fait
deux cents lieues sous un ciel de feu, au milieu de plantes, de
bêtes et d'hommes féroces, pour conquérir cette malheureuse
petite racine. J'y ai gagné une insolation qui m'a mis sur
le flanc pour un mois, en plein désert, avec une fièvre !... et
sans autre boisson qu'une eau saumâtre qu'il fallait partager
avec ma racine... Et j'ai fait tout cela sans calcul et sans
espoir de récompense... pas même celle de l'orgueil... (Il descend)
car pour toute consolation ma conscience me disait : — Eh !
bien quoi... tu fais ton de voir d'homme !... La belle affaire !

Il passe à gauche.

SÉRAPHINE

Il y a devoir et devoir, monsieur, et si le sacrifice est
louable à travailler au salut de ce misérable corps... combien
ne l'est-il pas davantage à souffrir pour celui de l'âme !

* Robert, Zoé, Plantrôse, Agathe, Pélagie, Séraphine, le baron.

PLANTROSE.

Ce misérable corps, madame, est bien heureux que tout le monde ne raisonne pas de même, et si jamais vous deveniez enragée...

PÉLAGIE qui à repris sa place.

Nos prières la guériraient, monsieur, mieux que vos sales herbes !

PLANTROSE, gaiement.

Eh bien ! de bonne foi, mademoiselle, comment voulez-vous que les médecins soient pour vous ?

ZOÉ, se levant.

Bah ! Je parie que je vous convertis, moi, si j'en prends la peine.

PLANTROSE, de même.

Je ne veux pas d'autre directeur que vous, vicomtesse ! vous avez une façon de religion mondaine qui court du bal au sermon, et des conférences à la marchande de modes!... C'est frétillant, coquet!... votre piété a des queues d'une longueur et des ailes ! .. de la bonne faiseuse !...

ZOÉ, lui servant du sucre.

Vous vous moquez de moi ?

PLANTEROSE.

Par exemple ! (à demi-voix.) Qui veniez-vous de convertir ce matin, à neuf heures, rue Vivienne, sous un voile épais?

ZOÉ, de même.

Vous m'avez vue ?

PLANTROSE, de même.

Oh ! si peu !

ZOÉ, de même.

Mais une œuvre de charité, monsieur, je vous prie de le croire !

PLANTROSE, de même.

Je n'en doute pas!—Quelque malheureux à qui vous faites du bien !

ZOÉ, lui tournant le dos.

Vous êtes un monstre!

La porte s'ouvre à deux battants. — Chapelard paraît donnant
le bras à Sulpice.

SCÈNE VII

Les Mêmes, CHAPELARD, SULPICE.

CHAPELARD, gaiement sur le seuil.

Bon! bon!... ne m'annoncez pas! c'est moi!...

TOUTES.

Ah! M. Chapelard!

CHAPELARD.

J'aime mieux m'annoncer moi-même! c'est plus gai!

ZOÉ, lui prenant son chapeau.

Oh! notre excellent ami!

PÉLAGIE, lui prenant sa canne.

Quel bonheur!

SÉRAPHINE, *

Et si tard! Quelle surprise!... (Appelant Agathe à qui Plantrôse
commence à parler.) Agathe!

PLANTROSE, à Robert.

Et de deux!

CHAPELARD.

Eh! oui, après dîner, Sulpice est venu me trouver et je
lui ai dit : Ma foi, allons souhaiter le bonsoir à cette chère
baronne!

SÉRAPHINE.

Que c'est aimable à vous! (A Sulpice.) Nous vous attendions!

* Robert, Plantrôse, Agathe, Sulpice, Zoé, Chapelard, Pélagie, Séraphine, le baron.

SULPICE.

J'allais vous rejoindre, belle dame, mais en sortant je suis tombé sur une bande d'étudiants !...

PÉLAGIE.

Oh ! ce quartier !

SULPICE.

Donnant le bras à de mauvaises femmes !

ZOÉ.

Et il a eu peur !

SULPICE.

Cela m'a inspiré un tel dégoût, que j'ai rebroussé chemin.

ZOÉ, SÉRAPHINE et PÉLAGIE.

Pauvre enfant !

PLANTROSE, à Robert, les imitant.

Ah ! pauvre petit !

SÉRAPHINE, à Chapelard.

Mais asseyez-vous donc ! Mon Dieu ! Il a les mains glacées.

PÉLAGIE, effrayée.

Glacées !

CHAPELARD.

Les pieds surtout !

ZOÉ.

Et les pieds !... vite ! vite ! le feu !...

Elle se précipite au foyer et tisonne.

SÉRAPHINE, au baron assoupi.

Allons, baron !

LE BARON, se levant en sursaut.

Quoi !

SÉRAPHINE.

Debout, donc ! votre place à M. Chapelard !

LE BARON, se levant.

Ah ! M. Chapelard, pardon !

CHAPELARD.

Je ne vous dérange pas, au moins !

LE BARON.

Au contraire !

Chapelard prend sa place.

SÉRAPHINE.

Allons, mon digne ami, et un tabouret !

Toutes s'agitent pour trouver un tabouret.

PÉLAGIE.

Un tabouret !

SÉRAPHINE.

Mais vite donc, baron, un tabouret !...

LE BARON.

Voilà ! voilà !

Agathe l'apporte.

CHAPELARD, s'installant.

Ah ! Il fait très-bon ici !...

SÉRAPHINE.

Un peu de thé, n'est-ce pas ?

CHAPELARD.

Très-chaud.

ZOÉ.

Et du rhum !

CHAPELARD.

Non, plutôt du marasquin.

SÉRAPHINE, appelant Agathe, même jeu que précédemment.

Agathe !

AGATHE.

Oui, maman !

PLANTROSE, à lui-même.

Et de trois !

SÉRAPHINE.

Vous êtes chez vous, mon excellent ami, prenez toutes vos aises !

3

CHAPELARD, s'étalant.

Mon Dieu, ce n'est pas que j'aime mes aises !

ROBERT, à Plantrôse.

Au contraire !

CHAPELARD.

Au contraire !

ROBERT.

C'est ça !

CHAPELARD.

Mais je ne veux pas avoir à m'occuper de mon corps ! — C'est humiliant ! Alors il n'y a qu'à le terrasser par la satiété ! Ah ! tu as froid, misérable guenille ! Eh bien, chauffe-toi ! — Ah ! tu as faim ? Eh bien, gorge-toi ! Quand tu seras bien repu, au moins tu me laisseras tranquille.

PLANTROSE, à Robert.

Il appelle ça dompter la chair, lui...

CHAPELARD.

Or çà, ma digne amie, je suis amené ce soir par deux motifs ! — D'abord, vous rappeler notre quête en faveur des pearl Patagons, nos pauvres petits Patagons !...

SÉRAPHINE.

J'ai quelque argent à vous remettre, mon ami, Agathe tient la bourse.

CHAPELARD.

Bien !... J'espère que ces messieurs voudront joindre leur offrande !...

SÉRAPHINE.

Oh ! je ne sais pas si un philosophe tel que M. de Plantrôse !. .

* Robert, Plantrôse, Sulpice, Zoé, Pélagie, Séraphine, Chapelard, Agathe, le baron.

Zoé et Pélagie ont repris leurs places, Séraphine et Chapelard sont sur le canapé, le baron sur un fauteuil; Agathe sert à Chapelard des gâteaux et du marasquin.

PLANTROSE.

Ma philosophie, baronne... aimerait mieux vous voir.quêter en faveur des petits Français. Mais je n'ai jamais refusé mon obole à personne!... Elle ira peut-être à son but!... Le hasard est si grand !

AGATHE, s'approchant de lui.

Dieu vous le rendra au centuple, Olivier!

PLANTROSE

Prenez-la gratis, ma chère enfant!... Je ne fais pas l'usure !

AGATHE.

Et vous, monsieur ?

ROBERT.

Oh ! madame, de tout cœur !

Zoé va s'asseoir à droite, Agathe prend sa place.

CHAPELARD.

Maintenant, ma noble amie, grande nouvelle ! C'est après-demain que notre société procédera à l'élection de sa présidente.

SÉRAPHINE, vivement,

Si tôt !

CHAPELARD.

Il serait urgent que nous eussions une petite réunion préparatoire demain matin, pour assurer le succès de votre candidature !

SÉRAPHINE.

Sans doute !

CHAPELARD.

Je vous ai conquis encore quelques votes...

SÉRAPHINE.

Je ne vois pourtant pas qui pourrait me disputer cette présidence. ↳ Ce n'est pas madame d'Ailly, je présume... elle est trop ridicule!... ni madame de Gourmont qui bégaie... ni madame de Lépine dont les parfums nous empoisonneraient... ni madame de Miollis qui n'a pour elle que son grand âge ! Il est vrai qu'elle l'a bien, et que si la présidence se décerne à la caducité ! Mais alors autant la donner à la folie dans la personne de la petite comtesse, à la bêtise amère, dans la Juvensac... et à pis que tout cela, dans la grande Gaucourt... dont je ne dis rien, par charité chrétienne !

PLANTROSE, à Robert.

Toujours l'effet du sermon !

ZOÉ.

Qui oserait lutter avec vous, chère bonne ?

PÉLAGIE.

On pourrait s'assurer le concours de ces dames du *Bon propos.*

SÉRAPHINE, gracieusement.

La Providence y a pourvu, en nous amenant monsieur ce soir.

ROBERT.

Moi, madame !

SÉRAPHINE*.

Madame de Courteuil, votre parente, préside le *Bon propos* et dispose de dix voix. Je compte sur vous, monsieur, pour plaider auprès d'elle la cause de ma présidence, aussi chaleureusement que celle de votre futur entre-sol !

PLANTROSE, à part.

Allons donc !... Je comprends...
Il revient vers Agathe et s'assied à côté d'elle.

ROBERT.

Madame, tout mon zèle !...

SÉRAPHINE.

J'ai là-haut une petite circulaire, qui m'est très-favorable; si vous vouliez bien la mettre sous ses yeux.

* Plantrôse, Robert, Agathe, Pélagie, Séraphine, Chapelard, Sulpice, le baron, Zoé.
** Plantrôse, Agathe, Pélagie, Robert, Séraphine, Chapelard, Sulpice, le baron, Zoé.

ROBERT.

Avec bonheur, madame.

SÉRAPHINE.

Agathe !

Même jeu, Agathe se lève.

PLANTROSE, à part.

Et de quatre !

SÉRAPHINE.

Dites à Yvonne d'apporter la circulaire.

Agathe sort à gauche.

ZOÉ.

Au fait, c'est vrai, où est-elle donc, la mignonne ?

SÉRAPHINE.

Dans sa chambre ! elle achève de broder notre bannière.

PÉLAGIE.

Et toujours les mêmes idées ?

SÉRAPHINE.

Toujours !... c'est une vocation ! Elle va rentrer dans huit jours au couvent, maintenant qu'elle a vu un peu le monde ?...

PLANTROSE, à Robert qui est revenu à sa droite.

Le monde ici, hein !...

SÉRAPHINE.

Et l'année ne se passera pas qu'elle ne prononce ses vœux.

ZOÉ.

Pauvre chérie !

CHAPELARD.

Ah !... Ce marasquin est délicieux !

SÉRAPHINE.

Quel bonheur !... il l'aime !... (A Agathe qui revient.) Ma chère enfant, vous direz à Dominique de porter demain six bouteilles chez M. Chapelard !

CHAPELARD.

Par exemple !... je ne souffrirai pas !...

LE BARON.

Si fait !

CHAPELARD.

Donner à ce domestique la peine...

SÉRAPHINE.

Je le veux !

CHAPELARD.

Non, je dis : pourquoi déranger ce domestique ? Je les emporterai bien dans ma voiture.

TOUS.

Ah ! bien.

SÉRAPHINE.

A la bonne heure !

CHAPELARD.

Quand je dis ma voiture. j'entends celle que je vais prendre sur la place !

ZOÉ.

Mais la mienne.

CHAPELARD.

Ah! par exemple !

ZOÉ.

Je le veux !

CHAPELARD.

Vous faire aller à pied !

ZOÉ.

Mais non, je vous reconduirai.

CHAPELARD.

Ah ! comme ça, passe...

ZOÉ.

Oh ! que vous êtes bon d'accepter ! est-il assez bon !

PÉLAGIE.

Oh ! il est excellent !

AGATHE.

Voici ma sœur !

On se lève.

SCENE VIII

Les Mêmes, YVONNE.

SÉRAPHINE.

Viens ici, ma mignonne.

CHAPELARD.

Bonjour, mon petit cœur.

ZOÉ, l'embrassant.

Ma chérie!

PÉLAGIE, de même.

Chère petite.

PLANTROSE, à Robert.

Tout sucre et miel.

Robert est placé de façon à ne pas voir Yvonne, qui lui tourne le dos.

YVONNE.

Voici les circulaires, maman!...

SÉRAPHINE.

Où en est la bannière?

YVONNE.

Presque finie!... J'apporte deux modèles de franges, pour
que tu choisisses.

Le baron, Sulpice, Chapelard, les trois femmes, regardent les franges.

PLANTROSE, bas à Robert,

Sais-tu rien de plus cruel que ce sacrifice de la jeunesse
et de la grâce?... Une condamnée à mort, tiens! On lui cou-
pera les cheveux , et puis... Brouh!... ça donne froid dans
le dos !

---

* Robert, Plantrôse, Sulpice, Zoé, Pélagie, Chapelard, Yvonne, Séraphine, le baron.

ROBERT,

Est-elle jolie ?

PLANTROSE

Regarde.

[ROBERT, l'apercevant en pleine lumière.

Ah !...

PLANTROSE.

Quoi ?...

ROBERT

Rien !... (Plantrose remonte avec sa tasse.) C'est elle ! je ne me trompe pas !... Ma jeune fille de tout à l'heure !... La lettre !...

SÉRAPHINE, choisissant une frange.

Celle-ci vaut mieux !

ZOÉ et PÉLAGIE.

Oh ! oui !

SÉRAPHINE.

Yvonne, mon enfant, remettez des circulaires à monsieur... qui a la bonté de s'en charger.

YVONNE, vivement et allant à Robert,

Voici, monsieur.

ROBERT.

Je vous remercie, mademoiselle !... (A part.) C'est bien elle !

CHAPELARD, à Sulpice.

Allons, maintenant, en route !

SÉRAPHINE.

N'oubliez pas que vous dinez demain avec nous ! je vous ferai un bon petit dîner maigre !

CHAPELARD.

Bien simple ! Je vous en prie !... Rien qu'un bon pois-son !...

LE BARON.

Pas de morue !

CHAPELARD.

Non ! je dis un bon poisson !... avec ça , quelque gibier

d'eau, sarcelle, pluvier doré ; un légume quelconque, petits
pois, asperges en branches; une pâtisserie... un bon fruit...
c'est tout ce qu'il faut !

LE BARON, debout.

C'est ça ! (A part.) J'aime assez qu'il vienne dîner, moi !

CHAPELARD.

Allons ! maintenant !...

SÉRAPHINE.

Mon bon ami, et votre manteau?

PÉLAGIE.

Votre chapeau !

ZOÉ.

Votre canne !

SÉRAPHINE.

Un cache-nez !

Elles l'habillent au fond.

PLANTROSE, finissant par tenir Agathe dans un coin à gauche, à demi-
voix.

Pardon ! ma chère enfant, je vous tiens ! Je voudrais bien
vous dire deux mots ce soir, chez vous!

AGATHE, vivement.

Oh ! ce soir, non, mon ami, si maman le savait !

PLANTROSE.

Agathe, ma chère petite femme, je vous assure que c'est
très-sérieux :

AGATHE.

Oh ! non, plus tard.

PLANTROSE, à lui-même.

Au diable !... (Haut.) Ma chère, puisque vous ne voulez pas
m'écouter, je vais finir ma soirée à l'Opéra.

AGATHE.

En carême ?

PLANTROSE.

Bah ! les danseuses sont si maigres.

AGATHE.

Oh ! Olivier !...

PLANTROSE.

Vous ne voulez pas m'entendre ce soir ?

AGATHE.

Je ne peux pas !

PLANTROSE.

Alors, bonne nuit ! ma chère !

Il lui tourne le dos. Mouvement d'Agathe.

SÉRAPHINE, à Sulpice.

Mon enfant, suivez mon gendre et sachez où il va !

SULPICE.

Bien, madame !

SÉRAPHINE.

Là ! Maintenant, il peut sortir.

CHAPELARD, dans son cache-nez.

On n'a pas oublié le marasquin dans la voiture ?

LE BARON.

Non !...

CHAPELARD.

Ni la boule d'eau chaude sous les pieds !

ZOÉ. SÉRAPHINE, AGATHE.

Non !

CHAPELARD.

Ce n'est pas que je redoute le froid !

PLANTROSE.

Mais vous avez peur de vous enrhumer !

CHAPELARD.

Voilà !

PLANTROSE.

C'est ça !

CHAPELARD.

Allons, mesdames !...

PLANTROSE.

Viens-tu ?

ROBERT.

J'y suis ?

PLANTROSE.

Mais dis donc, tu regardes bien mademoiselle Yvonne, toi ?...

Yvonne est près de la cheminée avec le baron.

ROBERT.

Oui ! elle me plaît !... (A part.) Allons ! allons ! il y a un secret dans la maison, je le découvrirai.

La toile tombe.

FIN DU PREMIER ACTE.

ACTE DEUXIÈME

Même décor.

SCÈNE PREMIÈRE

SÉRAPHINE, AGATHE, PÉLAGIE, LE BARON *.

Séraphine, Agathe, Pélagie, assises autour de la table, dépouillent la correspondance. Le baron, assis sur le canapé, une petite table devant lui, découpe aux ciseaux des petites images de sainteté.

SÉRAPHINE.

Continuez, Agathe, et finissons-en avec les demandes de secours.

AGATHE, lisant.

« Madame la baronne, je suis un ouvrier infirme, ayant eu
» le bras coupé il y a trois mois, et j'ai quatre enfants à
» nourrir ! Le bureau de bienfaisance me donne deux livres
» de pain par jour, ce qui est bien peu... »

SÉRAPHINE, l'interrompant.

Est-ce apostillé de M. Chapelard ?

AGATHE.

Non, ma mère.

SÉRAPHINE.

Au panier !...

* Agathe, Pélagie, Séraphine, le baron.

LE BARON.

Moi, ce que j'admire, c'est le nombre d'enfants de ces gens-là !... Comment diable ont-ils tant d'enfants ?

SÉRAPHINE, debout, allant à la cheminée prendre une brochure.

Et surtout pourquoi?... Où en êtes-vous, baron ?

LE BARON.

Je viens de découper saint Vincent, baronne, et je tiens sainte Pétronille, qui est bien vétilleuse !

SÉRAPHINE, traversant.

Courage, vous gagnez...

LE BARON.

Une courbature !... avec les élancements que je me suis sentis cette nuit dans l'orteil !... Pourvu que ce ne soit pas un retour de goutte !

SÉRAPHINE.

Continuons!... A vous, ma chère Pélagie !

PÉLAGIE, lisant avec des lunettes.

« Madame la baronne, le fonds de pâtisserie que nous » exploitions, ma femme et moi, au faubourg Montmartre...»

LE BARON.

Eh ! c'est de Gibelot !

PÉLAGIE.

N'est-ce pas votre ancien chef, que vous avez marié à la fille de votre concierge?...

SÉRAPHINE.

Léocadie, oui... Continuez !...

PÉLAGIE, continuant.

« ... Faubourg Montmartre,... n'a pas prospéré !... C'est » un quartier bien mêlé !... Léocadie, qui n'entend pas rail- » lerie sur le chapitre des mœurs... »

SÉRAPHINE.

C'est vrai ! un dragon de vertu, cette fille !...

PÉLAGIE, continuant.

« Léocadie faisait la mine à toutes les petites dames qui
» venaient chez nous et qui n'étaient pas dans des positions
» régulières !... Et comme il y a plus de celles-là que d'au-
» tres, la clientèle nous a quittés peu à peu, et me voilà
» forcé de vendre, par rapport à la vertu de ma femme !... »

LE BARON.

Écoutez, baronne, il m'intéresse, moi, ce martyr de la pâtisserie !

SÉRAPHINE.

Sans doute ; le scrupule de Léocadie est très-louable !
Agathe, répondez à Gibelot que je m'occuperai de lui.

AGATHE.

Celle-ci, madame, est de la pauvre Madeleine...

SÉRAPHINE.

Mon ancienne femme de chambre...

AGATHE.

Oui, ma mère...

SÉRAPHINE.

Au panier, vite !...

AGATHE.

Je vous assure, ma mère, qu'elle est bien à plaindre, et
que sa lettre est touchante...

SÉRAPHINE.

Bien intéressante, en effet ! Une malheureuse qui s'en est
laissé conter par un petit commis, et qui a eu l'effronterie
d'accoucher sous mon propre toit !

PÉLAGIE, indignée.

Elle a osé accoucher !

AGATHE.

Pauvre fille ! Ma mère, de grâce !...

SÉRAPHINE.

Vous vous faites, ma chère enfant, l'apôtre d'une bien mauvaise cause. Enfin, lisez vite...

AGATHE, lisant.

« Depuis que vous m'avez chassée, madame, je suis tom-
» bée dans une horrible misère... Le père de mon enfant m'a
» abandonnée !... »

SÉRAPHINE.

Naturellement !

AGATHE.

« Je n'ai pas trouvé à me placer, à cause de mon petit
» garçon, que je ne puis pas mettre en nourrice, faute d'argent...
» et puis je n'ai pas osé envoyer aux renseignements chez
» vous... »

SÉRAPHINE.

Je le crois.

AGATHE.

« Au nom du Dieu clément, madame la baronne, venez à
» mon secours, ou je suis perdue !... Je vous écris dans une
» mauvaise chambre sous les toits... il pleut sur nous !...
» Pitié pour mon petit enfant, qui a faim et qui a froid ; un
» peu de linge et un morceau de pain, et je vous bénirai. »

Le baron se mouche.

SÉRAPHINE.

Qu'avez-vous donc, baron ; vous êtes ému ?

LE BARON.

Moi, baronne, pas du tout. Je découpe avec soin, voilà tout !

SÉRAPHINE.

Allons ! c'est bien : occupez-vous de cette fille, Agathe, et faites ce qu'il faudra. Est-ce tout ?

AGATHE.

C'est tout, madame ! Voici mes comptes pour la quête des petits Patagons.

SÉRAPHINE.

Ah! bien! Additionnez et vérifiez toutes deux, ce sera pour notre excellent ami qui va venir!...

Elles se levent.

SCÈNE II

LES MÊMES, SULPICE, CHAPELARD, ROBERT.

DOMINIQUE, annonçant.

M. Chapelard, M. de Favrolles.

SÉRAPHINE. *

Eh bien? ces élections?

CHAPELARD, se frottant les mains.

Ça chauffe! ça chauffe!

SÉRAPHINE.

Ah!

CHAPELARD.

Comme nous en étions convenus hier, j'ai vu nos amis ce matin.

ROBERT.

Moi, madame de Courteuil!

CHAPELARD.

Six voix de plus!

ROBERT.

Dix assurées!

SÉRAPHINE, radieuse.

Ah!... merci!... Ah! mon digne ami, voyez ces lettres, je vous prie; mon cher locataire, causez avec le baron. (Appelant.) Sulpice!...

* Sulpice, Agathe, Pélagie, Chapelard, Séraphine, Robert, le baron.

SULPICE, saluant Agathe et Pélagie qui remontent, et descendant jusqu'à Séraphine, dont il baise la main. *

Madame la baronne.

SÉRAPHINE, à demi-voix.

Eh bien , cher enfant, mon gendre ?

SULPICE, de même.

J'ai exécuté vos ordres, madame la baronne ! et épié tous
ses pas... religieusement !...

SÉRAPHINE.

Ce qui vous a conduit ?

SULPICE.

A l'Opéra !... Dans les coulisses !

SÉRAPHINE.

Les coulisses!

SULPICE.

Au lieu d'entrer à l'orchestre : — c'est ainsi, je crois, que
cela s'appelle... car je n'ai jamais été au spectacle qu'une
seule fois... pour voir Athalie!

SÉRAPHINE.

Oui, eh bien ?

SULPICE.

Ils ont disparu... car ce jeune homme d'hier l'accompa-
gnait... par une petite porte à droite, que je crois réservée
aux fidèles...

SÉRAPHINE.

Et une fois là ?

SULPICE.

Une fois là, je me suis vu en plein sabbat! à deux pas
de la scène, et entouré d'une quantité de jeunes femmes
vêtues!...

SÉRAPHINE.

Tout le corps de ballet !

* Agathe, Pélagie et Chapelard assis à la table, Sulpice, Séraphine
sur le devant. Le baron, Robert vers la cheminée.

4

SULPICE, baissant les yeux.

Oui, madame la baronne !... On leur voit tout le corps!

SÉRAPHINE.

Pauvre enfant ! a-t-il dû souffrir !

SULPICE.

Ah ! J'ai bien souffert!...

SÉRAPHINE.

Et cependant, mon gendre ?...

SULPICE.

Adossé à un décor, il causait avec une grande brune très-belle... (Mouvement de Séraphine.) si l'impudicité pouvait jamais l'être ! Et à la façon dont il lui parlait, je vis bien que c'était là l'ennemie ! J'invoquai votre nom angélique, madame, et, domptant ma répugnance, j'eus le courage d'adresser la parole à une de ces pécheresses... une petite blonde, bien gracieuse, bien jolie... (Même jeu.) si l'on pouvait jamais l'être sans la sainteté de l'âme... et je lui dis : « Mademoiselle » (j'ai osé lui donner ce nom virginal.) « mademoiselle, comment s'appelle, je vous prie, cette grande brune ? — Qui ?... celle qui cause avec Plantrôse? »

SÉRAPHINE.

Plantrôse tout court?

SULPICE.

Tout court !... comme le reste !... « Eh ! d'où sortez-vous, mon petit, c'est Georgette !... Voulez-vous que je vous présente ? » A cette offre, mon sang ne fait qu'un tour !... Je balbutie : « Non, merci... » Elle éclate de rire !... La peur me prend ! je me sauve, et de couloirs en escaliers, je gagne la rue !... où je rends grâce à mon patron, qui m'a tiré de cet enfer sans accroc à ma robe d'innocence !

SÉRAPHINE.

Il oublierait ses devoirs avec cette Georgette?—Il faudrait en être sûr !... et savoir à cet Opéra...

SULPICE, vivement.

J'y retourne !

SÉRAPHINE.

Dans les coulisses ?...

SULPICE, vivement.

On s'y fait, madame, on s'y fait. — Je sens que je m'y ferai !..

SÉRAPHINE.

Promener encore vos regards sur ces groupes indécents !

SULPICE.

Madame la baronne ! c'est en fréquentant les objets redoutables, que l'on se familiarise avec eux !... je cours me familiariser !

SÉRAPHINE.

A pré ent ?

SULPICE.

Oui, il y a répétition !... Je me suis informé ! Je me faufile comme hier, je retrouve la petite blonde... je cause avec elle ! je sais où loge cette Georgette,.. qui elle reçoit...

SÉRAPHINE.

Mais prenez garde, ces femmes ?

SULPICE.

Qui sait, au contraire,... qui sait, si je ne ramènerai pas l'une d'elles à la vérité ?

SÉRAPHINE, effrayée.

La petite blonde !

SULPICE, avec élan.

Peut-être la petite blonde !

SÉRAPHINE.

Sulpice ! maintenant je vous défends d'aller à l'Opéra ! — entendez-vous !

SULPICE.

Madame !

SÉRAPHINE.

Je vous le défends ! Faites-moi le serment que vous n'irez
pas !

SULPICE.

Puisque vous l'exigez, madame !... Je vous jure que je
n'irai pas !

SÉRAPHINE.

Bien !

Elle remonte.

SULPICE, continuant tout seul.

Ce soir !... on ne joue pas ! mais pour cette après-midi !...
je n'ai rien juré !

SÉRAPHINE, à Chapelard qui s'est levé.

Mon bon **ami**, demeurez ! j'ai à vous remettre l'argent de
la quête. Et **vous**, baron, le bail de monsieur à préparer !...
(A Robert, en lui serrant les mains.) car c'est un bail, n'est-ce pas ?
Nous ne nous quittons plus ?

ROBERT.

C'est mon vœu le plus cher !

SÉRAPHINE.

Un coup d'œil à la bannière d'Yvonne, pour en presser
l'envoi ! et je redescends ! — Allons, baron, ce bail ! ce bail !
vite ! je reviens.

Elle sort par la gauche.

SCÈNE III

ROBERT, CHAPELARD, LE BARON *.

LE BARON, se coupant.

Ah ! par le diable !

CHAPELARD.

Hé !...

* Chapelard, le baron, Robert.

LE BARON, debout*.

Elle m'a fait couper le doigt! Un travail de deux heures perdu, tenez!... mille noms de noms!

CHAPELARD.

Oh ! baron!

LE BARON.

Est-ce que c'est un métier de colonel, ça! se fiche-t-on de moi! de me faire découper des petits bonshommes de papier pour la marmaille du catéchisme!...

CHAPELARD.

Mais, baron!... sur quelle diable d'herbe avez-vous marché aujourd'hui?

LE BARON.

Sur ma goutte, monsieur, qui me reprend.

CHAPELARD.

Oui, je comprends cela!

LE BARON.

Et moi, je ne comprends pas, monsieur!... Vous m'avez juré que si je pratiquais je n'aurais plus la goutte... nom d'un sabre! j'ai fait un marché, moi, je veux qu'on le tienne!... serment oblige!

CHAPELARD, finement.

Oh! pardon, baron, pardon!... pas toujours!

LE BARON, saisi.

Pas toujours?

CHAPELARD.

Mais non, baron, voyons! cela dépend! ainsi celui qu'on fait à un enfant, pour qu'il se mette au lit, en lui promettant la lune... ou à une femme...

LE BARON.

Le serment fait à une femme, n'oblige pas un galant homme?

CHAPELARD.

Mais non!... si en le faisant, vous vous dites, *in petto*

---

* Le baron, Chapelard, Robert.

« Je lui promets ça... mais le plus souvent!... pas si bête! »
il n'y a pas serment!...

LE BARON.

Oui? eh bien! écoutez : je vais vous en faire un, moi...
de serment!

CHAPELARD.

Allez!

LE BARON.

C'est que si j'ai encore une crise de goutte, comme la dernière!... vous m'entendez bien!... je ne vous dis que ça!

CHAPELARD.

Ah!

LE BARON.

Et un vrai serment celui-là! l'intention y est bien!

Il remonte.

CHAPELARD*.

Mais, comment voulez-vous que?...

LE BARON.

Je ne veux plus de la goutte!... est-ce dit? une, deux,
très-bien. Jeune homme, attendez-moi, je vais préparer votre
bail! (A Chapelard.) Je ne veux plus de la goutte, quoi!... voilà
tout!... c'est clair!...

Il sort par la droite

CHAPELARD.

J'entends bien! mais...

ROBERT.

Il est gênant, le baron!

CHAPELARD.

Il est gênant! si je pouvais le décider à faire un petit pèle-
rinage! peut-être que l'exercice...

ROBERT.

Peut-être, oui.

* Chapelard, le baron, Robert.

CHAPELARD.

Je vais tâcher, mais il est gênant! Oh! ces hommes!... parlez-moi des femmes!... ah! les femmes!.. cela va tout seul!...

Il sort, suivant le baron.

SCÈNE IV

PLANTROSE, ROBERT.

ROBERT.

Enfin!... me voilà toujours de la maison, moi!... et maintenant!

PLANTROSE, entrant du fond.

Tiens!... Encore ici?

ROBERT.

Et triomphant!

PLANTROSE.

Tu tiens l'entre-sol?

ROBERT.

On prépare le bail!

PLANTROSE.

Eh bien, veille à la rédaction; car ma belle-mère...

ROBERT.

Oh! je ne signerai pas sans lire!

PLANTROSE.

Quatorze fois, ou tu es perdu! Je n'ai lu qu'une fois mon contrat de mariage, et ce que j'y ai découvert depuis!...

ROBERT.

Ah! mon Dieu! par qui n'est-on pas déçu?... Je te présente un homme hébété.

PLANTROSE.

De quoi?

ROBERT.

De ce que j'ai vu ce matin!...

PLANTROSE.

Où ça?

ROBERT.

A six heures, je ne dormais plus, ou pour mieux dire, je continuais à ne pas dormir!... Ce thé, pris contre mes habitudes, l'Opéra!... Bref, toute la nuit n'avait été qu'un long défilé de jeunes filles, et, en tête, plus séduisante que les autres...

PLANTROSE.

Ta demoiselle d'hier?

ROBERT.

Oui.

PLANTROSE.

Alors?

ROBERT.

Je me lève, et me dis : c'est une famille qui pratique : ils vont à la messe, ce matin, et à sept heures j'étais à l'église...

PLANTROSE.

Où tu la retrouves.

ROBERT.

Flanquée de papa, de maman, et de l'autre ! comme hier ! La messe dite, on sort! Je sors! et me tiens à l'écart. La mère passe au bras du mari, entre deux haies étroites de mendiants! Une demoiselle suit... puis l'autre, la mienne... Du milieu des pauvres, tout à coup une femme se détache, et grommelant je ne sais quoi, tend la main à mon ingénue... Celle-ci rougit, s'arrête, laisse échapper ce mot que j'entends très-distinctement : « Nourrice ! » Puis, sur un geste discret de la femme, reçoit de ses mains un billet qu'elle glisse dans son livre, descend vivement les marches et disparaît avec son cortége. Et quand je cherche des yeux la nourrice qui, pour dix louis, m'aurait tout conté!... trop tard!... Elle s'est perdue dans la foule et je reste là, aplati par la stupeur, contre ma colonne.

PLANTROSE.

Eh bien?

ROBERT.

Eh bien! c'est assez clair, n'est-ce pas! c'est la réponse
à la lettre d'hier!

PLANTROSE.

Probablement.

ROBERT.

Parbleu! Et par l'intermédiaire d'une nourrice encore.

PLANTROSE.

Eh bien, après

ROBERT, avec feu.

Après?... Et tu ne trouves pas cela épouvantable!... Et tu
ne vois pas là de quoi prendre à jamais le mariage en sainte
horreur?...

PLANTROSE.

Mais il est étonnant, ma parole d'honneur!.. Mais quelle
soit ce qu'elle voudra, ta demoiselle ... Tant pis pour elle!
qu'est-ce que ça me fait à moi; est-ce que je la connais ?

ROBERT, vivement.

Mais je la connais, moi; et cela me fait beaucoup !

PLANTROSE, froidement.

Tu es en train de devenir amoureux, toi!

ROBERT.

De cette fille-là?... ah! bien, merci!... mais enfin, elle est
jeune, elle est jolie!... Il est tout naturel!... Eh bien, oui!...
elle m'intrigue! c'est un problème qui m'irrite et me pas-
sionne. Toute la nuit, cette lettre m'a trotté par l'esprit...
J'en étais venu à me dire : J'ai mal vu. Tout à l'heure, en la
regardant prier de si bon cœur, je pensais : Non ce n'est pas
possible !... tant de candeur !... et j'étais heureux, cela me
soulageait d'un poids! Mais quand j'ai vu cette femme!...

PLANTROSE.

Peuh!... qui sait?...

ROBERT.

Allons donc !... D'ailleurs, ça ne m'étonne pas !... depuis hier j'ai observé !... et tout ce que je sais !....

PLANTROSE, frappé et le regardant.

Ah ! tu as observé depuis hier ?

ROBERT, vivement et s'oubliant.

Eh ! toute la soirée !... Il n'y a qu'à réfléchir un peu !... c'est bien clair... on veut qu'elle prenne le voile, et contre son gré, cela se devine ! Eh bien, maintenant, rapproche tous ces faits, et par induction nous reconstruisons tout le drame domestique que l'on nous cache. Elle a aimé quelqu'un... une séduction !... La famille qui a connu la faute... car il y a faute ; il y a plus !... il y a nourrice !... la famille fait élever l'enfant en secret, et ne force la mère à prendre le voile, que pour enterrer sa faute dans un couvent ! mais si bien qu'on veille... Elle écrit, cette mère !... elle veut des nouvelles de son enfant !... D'où cette lettre à la poste !... Et qui apporte la réponse ?... la nourrice !... Ce n'est pas évident ?... et ça ne crève pas les yeux ?...

PLANTROSE.

Mais, Dieu me pardonne ! c'est de ma petite belle-sœur, que tu parles comme ça, toi !...

ROBERT.

Je n'ai pas dit !

PLANTROSE.

Mais c'est d'Yvonne ?...

ROBERT.

Eh bien, dame !... je ne voulais pas l'avouer ; mais puisque tu déchires le voile...

PLANTROSE.

Mais ce que je vais déchirer, moi, galopin, ce sont tes oreilles !

ROBERT.

Permets, je...

PLANTROSE.

Mais Yvonne est un petit ange, et qui n'a rien à cacher, entends-tu, garnement ?

ROBERT.

Bien, mais...

PLANTROSE.

Que de bonnes actions !

ROBERT.

Ah ! c'est une bonne action que ce commerce épistolaire...

PLANTROSE.

Oui !

ROBERT, riant.

Ah !

PLANTROSE.

Je comprends tout maintenant ! et je veux bien te faire l'honneur de te l'expliquer !...

ROBERT.

M'expliquer les lettres !...

PLANTROSE.

Parbleu !... La baronne a chassé cruellement une pauvre femme de chambre, Madeleine, qui s'en était laissé conter... jusqu'à la layette !... cette malheureuse, dans sa détresse, a recours à Yvonne, et voilà tes lettres et ta nourrice expliqués. Ce n'est pas plus noir que cela !

ROBERT.

Tu crois ?

PLANTROSE.

Je ne crois pas, sceptique endurci, je suis sûr !

ROBERT.

Peut-être ! Pourtant ! C'est si vraisemblable, mon histoire.

PLANTROSE.

Ah ! tu trouves ?...

ROBERT.

J'en ai tant vu !

PLANTROSE.

Quoi ?

ROBERT.

Des femmes qui trompent !

PLANTROSE.

Tes drôlesses !... tu appelles çà des femmes ! mais voilà
bien ton châtiment, mauvais sujet ! c'est de ne plus recon-
naître la vertu, quand tu la rencontres !

ROBERT, à part.

Oh ! je saurai bien à quoi m'en tenir ! Le doute est
trop irritant !

PLANTROSE, regardant l'heure.

Médite sur ta propre corruption, et au revoir.

ROBERT.

Tu t'en vas !...

PLANTROSE.

Pas encore, je vais parler à ma femme, si ma belle-mère
le tolère...

ROBERT, imitant Séraphine.

Agathe !

PLANTROSE.

Toujours mon petit coup d'État que je prépare !

ROBERT.

Bonne chance !

PLANTROSE.

Au revoir, écervelé.

Il sort par le fond.

ROBERT.

Ah !... pardieu ! je saurai ce qu'il en est ou j'y perdrai
mon nom !... (Voyant Yvonne.) C'est elle !

SCÈNE V

ROBERT, YVONNE.

YVONNE, entrant par la gauche.

Tiens, Agathe n'est pas là ?

ROBERT.

Non, mademoiselle.

YVONNE.

Ah ! pardon ! monsieur !... Je ne vous voyais pas !

ROBERT, à part.

Elle est radieuse !... Il paraît que la lettre, bonne nouvelle !... (Haut.) Vous cherchez quelque chose, mademoiselle.

YVONNE.

Mais oui. Je cherche mes effilés d'or... Agathe était descendue pour les prendre.

ROBERT, bas.

Et Plantrôse l'a accaparée au passage !... (Haut.) Un petit réseau pour la bannière, que vous avez apporté hier au soir ?

YVONNE.

Justement ! je crois l'avoir laissé dans ce salon.

Elle cherche.

ROBERT, à lui-même, le trouvant sur la table et s'en emparant.

Oui ! le voilà !... (Il le met dans sa poche.) Si vous voulez me permettre, mademoiselle, de le chercher avec vous ?

YVONNE.

Mais volontiers ! Il paraît que l'on attend cette bannière ! Il faut que je la porte avant quatre heures !

ROBERT.

Ah ! vous allez sortir ?

YVONNE, cherchant.

Oui, avec ma sœur ! Il n'est pas dans la corbeille ?

ROBERT, de même.

Non, mademoiselle, il n'est pas là ! (A lui-même.) Elle va voir l'enfant ! c'est clair ! (Haut.) Un beau temps pour sortir, mademoiselle !

YVONNE.

Il fait beau, n'est-ce pas ?

ROBERT.

Un vrai printemps !

YVONNE, venant à la corbeille.

C'est singulier ! je croyais l'avoir mis là-dedans.

Elle s'assied et cherche dans le panier.

ROBERT, lui tendant sa corbeille.

Voyez! — Vous semblez fort heureuse de sortir par ce beau soleil.

YVONNE.

Oh! oui. A pied surtout!... c'est si rare!

ROBERT.

Cela vous arrive pourtant quelquefois ?

YVONNE.

Pour aller à l'église seulement!... moi qui aimerais tant à courir tout Paris, les boulevards, les quais !... Je trouve cela si amusant.

ROBERT.

Et vous ne sortez guère au couvent !

YVONNE , tristement.

Oh! jamais!

ROBERT.

Sauf dans le jardin qui n'est pas gai !

YVONNE.

Vous le connaissez ?

ROBERT.

Un peu !... N'êtes-vous pas chez ces dames de la Miséricorde ?

YVONNE.

Oui, rue de Vaugirard !...

ROBERT.

C'est ça ! J'ai vu là, il y a quelques années, une jeune amie de ma sœur, une cousine à moi, Blanche de Chatenay.

YVONNE.

Je ne l'ai pas connue !...

ROBERT, à part.

Moi non plus ! pour cause ! (Haut, s'asseyant.) C'était bien avant vous, mademoiselle!. . Eh puis, elle est morte !

YVONNE.

Oh ! si jeune !

ROBERT.

Hélas, oui, à dix-huit ans, pauvre enfant !

YVONNE.

Ah ! quel malheur !

ROBERT.

De la poitrine, à ce que l'on a dit !... mais je crois que c'est plutôt de chagrin.

YVONNE.

Ah !

ROBERT.

Oui, on voulait forcer son inclination et la faire religieuse, malgré elle !...

YVONNE.

Ah ! je comprends alors !

ROBERT, vivement.

Ah ! n'est-ce pas ? Pour moi je ne sais rien de plus cruel que ces vocations forcées !

YVONNE.

Certes, oui !

ROBERT.

Il faut être si sûre de soi, pour renoncer au monde et à toutes ses joies !... Les trois quarts du temps, c'est la famille qui dispose de vous, sans vous consulter...

YVONNE.

Souvent, oui...

ROBERT.

Ainsi, vous-même !

YVONNE, se levant.

Pardon, monsieur, mais nous parlons de votre cousine et pas de moi !

ROBERT, se levant.

Vous avez raison, mademoiselle, excusez-moi; mais il y a en vous je ne sais quoi qui me la rappelle tellement... le même couvent... le même âge !... Nous autres profanes, nous ne saurions voir tant de jeunesse et de beauté condamnées à la solitude sans le déplorer un peu pour nous, et beaucoup pour elles.

YVONNE.

Permettez !... Nous ne cherchons plus !

ROBERT, à part.

Vocation forcée... c'est clair ! (Haut.) Ne serait-il pas dans les plis du canapé?

YVONNE.

J'en doute !

ROBERT, assis sur le canapé, cherchant.

· Il faut voir !... Et notez que le cas dont il s'agit est encore plus douloureux... ma pauvre cousine aimait quelqu'un, qu'on ne voulait pas lui donner pour mari...

YVONNE, au delà du canapé.

Si son choix était mauvais !...

ROBERT.

Mais non !

YVONNE.

Il est permis d'en douter un peu, devant la résistance de ses parents.

Elle remonte en cherchant.

ROBERT, saisi, à part.*

Ah ! il n'y aurait pas d'amant?

YVONNE.

Vous ne trouvez rien?

ROBERT.

Non, je ne trouve plus du tout !

YVONNE.

Alors, j'y renonce... Agathe les aura remontés !... Je vous remercie mille fois de votre obligeance, monsieur !

ROBERT, se levant.

Mademoiselle... (A part.) Elle s'en va !... Et je ne sais

* Yvonne, Robert.

rien !... (Haut.) Mademoiselle, pardon, je... j'oubliais !... Deux
mots, de grâce ?...

YVONNE, redescendant.

Quatre, monsieur, si vous voulez.

ROBERT.

C'est une commission de ma sœur...

YVONNE.

Pour moi ?

ROBERT.

Mon Dieu, oui, mademoiselle, car je n'ose pas m'adresser
à madame la baronne... Une affaire de ménage bien simple.
Une jeune femme, nommée Madeleine, s'est présentée à ma
sœur comme femme de chambre. (Il la regarde, silence.) Cette
jeune femme aurait été récemment au service de madame
votre mère...

YVONNE.

En effet, oui, monsieur.

ROBERT.

Elle a quitté votre maison dans des conditions qui ne lui
permettent pas, à ce qu'il paraît, de se recommander de
madame la baronne...

YVONNE.

Je sais qu'elle est sortie très-brusquement, mais les causes
du départ, je les ignore.

ROBERT.

Ah ! vous ignorez ?

YVONNE.

Absolument.

ROBERT.

Cette jeune fille du moins doit vous intéresser assez...

YVONNE.

Mais je ne saurais que dire sur son compte. Je l'ai vue
deux fois à peine... J'étais toujours au couvent...

5

ROBERT.

Alors vous ne lui portez aucun intérêt particulier?

YVONNE.

Aucun! C'était une fille très-douce, je crois!... Pourtant, si ma mère l'a renvoyée, c'est qu'il y a quelque bonne raison pour cela, et je vous engage, monsieur, à demander à ma mère son sentiment; le mien étant bien inutile s'il le confirme, et n'ayant aucune valeur, s'il en diffère.

ROBERT.

J'espérais, mademoiselle, que vous sauriez au moins me donner son adresse.

YVONNE.

Mais en vérité, non !... Je ne sais ni ce qu'elle vaut, ni où elle demeure !

ROBERT.

Cela me suffit, mademoiselle. Pardonnez-moi ! (A part.) Ce n'est donc pas la femme de chambre !...

YVONNE.

Plait-il ?...

ROBERT.

Rien, mademoiselle... Je vous rends grâce. Je sais maintenant ce que je voulais savoir !...

YVONNE.

Alors, monsieur...

ROBERT.

Ah ! mais, les voici !

YVONNE.

Les effilés ?

ROBERT.

Là, derrière mon chapeau !

YVONNE.

Ah! merci! Voilà comme on trouve sans chercher...

ROBERT, en regardant.

Et comme on ne trouve pas ce qu'on cherche !

YVONNE.

Monsieur !...

ROBERT.

Mademoiselle !

Elle sort à gauche.

SCÈNE VI

ROBERT, puis SAVINIEN.

ROBERT, seul.

Ce n'est pas la femme de chambre !... parbleu !... Alors c'est l'amant ! Et le reste ! J'en étais sûr, moi !... Ce nigaud de Plantrôse, avec sa vertu !... On t'en trouvera des vertus !... De l'aplomb, du reste, cette innocente !... Un petit air de sainte nitouche !... Et voilà ce qu'on épouse !... Ce n'est pas pour dire, mais je l'épouserais bien, moi... à Gretna-Green !... Délicieuse, d'ailleurs !... Elle enrage de son couvent, c'est clair !... Et si je puis me trouver avec elle, seul à seule. Allons, mon petit Robert !... Voici de quoi nous occuper gentiment !... En avant !... et de l'audace ! et encore de l'audace ! (Apercevant Savinien.) L'enfant de chœur ! voici mon affaire !...

SAVINIEN *.

M. le baron prie monsieur de vouloir bien se rendre dans son cabinet.

ROBERT.

J'y vais !... Mais d'abord, viens ici !... toi.

SAVINIEN, les yeux baissés.

Monsieur...

ROBERT, après s'être assuré qu'on ne peut entendre, à demi-voix.

Écoute. Si ce soir, à la nuit, je trouve ouverte la petite porte du jardin sur la rue de Vaugirard, il y a vingt-cinq louis pour toi !

★ Robert, Savinien.

SAVINIEN.

Mon doux Seigneur!... C'est un gros péché que monsieur me propose là.

ROBERT.

Oui, mais cinquante louis! car j'ai dit cinquante, c'est une grosse somme!

SAVINIEN.

Monsieur dit : la petite porte du jardin ?

ROBERT.

A huit heures sonnant!

SAVINIEN.

Monsieur veut-il me permettre de régler ma montre sur la sienne ?

ROBERT.

A la bonne heure !...

SAVINIEN, réglant sa montre.

Monsieur pense bien, du reste, que ce n'est pas moi qu ouvrirais jamais cette porte-là !

ROBERT.

Eh bien ! mais, dis donc !...

SAVINIEN.

Mais je puis oublier de la fermer !

ROBERT.

Ah! bon ! c'est du Chapelard ! Ils ont des nuances ! Tiens, vingt-cinq louis d'avance.

SAVINIEN, empochant.

Je n'ai pas besoin de dire à monsieur que si cela se découvre, je ne confesse rien.

ROBERT.

Parbleu !...

CHAPELARD, entrant.

Cher monsieur, le baron vous attend.

ROBERT.

Merci, j'y vais !... (A lui-même, après un geste de silence à Savinien.) C'est fait.

Il sort par la droite, Savinien par le fond sur un geste de Chapelard.

CHAPELARD, seul.

Qu'est-ce qu'il vient faire ici, celui-là !... Quelque amoureux.., pour la cadette... Il faut veiller à cela !...

SCÈNE VII

SÉRAPHINE, CHAPELARD.

SÉRAPHINE, entrant de la gauche avec Agathe, qui sort
aussitôt.

Voici, mon ami, l'argent de nos pauvres petits Patagons !..

CHAPELARD, s'asseyant à la table.

Mille grâces !... J'étais à calmer M. le baron, dont les
élancements redoublent et la fureur avec !

SÉRAPHINE.

Ah ! quel homme !...

CHAPELARD.

Ah ! nous aurons bien du mal à l'amener à la perfection.

SÉRAPHINE, s'asseyant en face de lui.

Et moi aussi ! grâce aux colères qu'il me donne !

CHAPELARD.

Mais alors à lui tout le poids de la faute.

SÉRAPHINE.

C'est ce que je me dis, et s'il faut l'expier !

CHAPELARD.

Il payera pour vous !

SÉRAPHINE, avec onction.

Je l'espère !

CHAPELARD, serrant les billets.

J'en suis sûr !... A ce propos, baronne, votre gendre n'est
pas non plus pour vous donner bien de la joie.

SÉRAPHINE.

Encore ce baron qui l'a choisi.

CHAPELARD, soupirant.

Ah! c'est toujours la faute du baron, je sais bien!... Il faudra en venir sûrement à rupture avec **M. de Plantrôse.**

SÉRAPHINE.

J'y pense!

CHAPELARD.

Vous apprécierez!... Et Yvonne!... Que vous proposez-vous à l'égard de cette enfant?

SÉRAPHINE.

Mais vous le savez, mon ami; dans huit jours Yvonne rentre au couvent pour n'en plus sortir, et, le délai expiré, elle prononce ses vœux... car j'ai reçu ce matin la dispense d'âge.

CHAPELARD.

La vocation y est-elle bien?

SÉRAPHINE.

Nous l'aiderons!

CHAPELARD.

En tardant un peu!

SÉRAPHINE, vivement.

Ah! Dieu non! J'ai déjà trop tardé! (Plus calme.) Que cette chaleur ne vous étonne pas, mon ami: cette enfant avait à peine l'âge de raison, que dans ma pensée elle appartenait à Dieu... c'est un vœu!

CHAPELARD.

Un vœu?

SÉRAPHINE.

Solennel! voilà dix ans que je le répète à Dieu, tous les matins et tous les soirs!

CHAPELARD.

Oh! oh!

SÉRAPHINE, vivement.

Pensez-y donc, mon ami! quel avantage! une des nôtres qui n'aurait pas d'autre emploi que de prier pour nous! une protectrice dans le ciel!... Et elle serait assez dénaturée, assez égoïste pour s'y refuser! elle ne serait donc pas ma fille!

CHAPELARD.

Sans doute, mais !...

SÉRAPHINE.

Enfin, mon ami, double succès pour vous et moi ! le baron converti ! Yvonne prenant le voile !... Qu'on lise demain dans l'*Abeille mystique* : «Mademoiselle de Rosanges, qui a brodé notre bannière, entre décidément en religion...» quelle gloire pour notre maison ! quel triomphe ! je suis présidente ! les d'Armoise sont vaincus ! ils n'ont pas de fille, eux, à mettre au couvent. J'hérite de leur salon, de leur influence, et je la fais servir à l'écrasement de l'impie !

CHAPELARD.

Enfin !...

SÉRAPHINE, impatientée, nerveuse.

Mon Dieu, mon ami, je ne comprends pas votre résistance. Laissons cela, je vous prie, c'est entre Dieu et moi !... Et si je vous disais là-dessus tout ce que je pense !

CHAPELARD.

C'est ?...

SÉRAPHINE.

Eh bien ! c'est que j'ai déjà trop tardé à payer ma dette ! que le Ciel doit m'en vouloir ! et que... j'ai peur !... oui, je tremble à tout instant qu'il ne me rappelle par quelque coup de foudre !...

SCÈNE VIII

LES PRÉCÉDENTS, DOMINIQUE.

SÉRAPHINE.

Qu'est-ce ? pourquoi entrer ?

DOMINIQUE.

Madame !...

SÉRAPHINE.

Vous savez bien que je ne veux pas être dérangée, quand je suis avec monsieur.

DOMINIQUE.

Oui, madame, mais il y a là un monsieur...

SÉRAPHINE.

Et vous ne savez pas me délivrer d'un importun? je ne reçois pas à cette heure.

DOMINIQUE.

Je l'ai répété dix fois, mais il insiste avec tant d'autorité...

SÉRAPHINE.

Et qui donc se permet?... vous le connaissez?

DOMINIQUE.

Non, madame.

SÉRAPHINE.

Eh bien ! qu'il laisse sa carte et revienne à cinq heures

DOMINIQUE.

Mais il m'a remis sa carte, madame... La voici.

SÉRAPHINE, se levant.

Eh ! donnez donc alors !... (Dominique sort. A Chapelard.) C'est insupportable, vous l'avouerez!... (Elle lit le nom et pâlit.) Ah !...

CHAPELARD.

Quoi donc ?

SÉRAPHINE, se remettant.

Rien!...

CHAPELARD, se levant.

Qu'avez-vous donc, au nom du ciel !...

SÉRAPHINE, à elle-même.

Ah ! quand je le disais !... Lui ! c'est lui !

Elle s'appuie à la table pour ne pas tomber.

CHAPELARD, vivement, prenant la carte.

Permettez !... (Il lit.) « Henry de Montignac, contre-amiral...» C'est ce nom qui vous émeut ! mais, en vérité... Baronne !... vous tremblez !...

SÉRAPHINE.

Oui, quelqu'un que je n'ai pas vu depuis longtemps... qui était aux Iles... que je croyais mort !... et ce retour imprévu, vous comprenez... malgré soi!... Et puis cet entretien qui m'a énervée!...

Elle tombe assise à gauche.

CHAPELARD.

Un peu d'eau ?

SÉRAPHINE.

Oui !...

CHAPELARD, lui donnant à boire, insinuant.

Un ancien ami, alors ?

SÉRAPHINE, se remettant.

Pas précisément ! Une connaissance... Merci !

CHAPELARD.

Cela va mieux ?

SÉRAPHINE.

Oui ! Le premier moment ! (Debout et résolûment.) Ah ! Finissons ! Voyez s'il est parti !

CHAPELARD, à Dominique qui entre *.

Parti, n'est-ce pas ?...

DOMINIQUE.

Non, monsieur !

SÉRAPHINE.

Comment, non !

DOMINIQUE.

Quand je l'ai invité à revenir à cinq heures, il a regardé tranquillement sa montre, en me disant : « C'est bien ; j'aime mieux attendre !... » Et il s'est installé devant la fenêtre, à regarder le jardin.

CHAPELARD,

Mais quel procédé !... Je vais aller...

SÉRAPHINE.

Non !... Il ne s'en ira pas !... Il vaut mieux en finir tout de suite !

CHAPELARD.

Vous voulez ?...

* Séraphine, Chapelard, Dominique.

SÉRAPHINE.

Le recevoir : c'est le mieux...

CHAPELARD *.

Je me retire !

SÉRAPHINE.

Au contraire !... Je vous aime mieux avec moi, mon ami !

Elle s'assied sur le canapé.

CHAPELARD.

A votre gré ! (A part.) Ah ! ah ! qu'est-ce que tout cela ?

Il s'assied à gauche.

SCÈNE IX

LES MÊMES, MONTIGNAC**.

DOMINIQUE

Monsieur de Montignac !...

MONTIGNAC salue ; Chapelard tousse, il le regarde.

Je vous demande pardon, madame, de l'insistance que j'ai mise à solliciter l'honneur de votre accueil... tout en m'en félicitant un peu, puisqu'elle est couronnée de succès !...

SÉRAPHINE, froide, hautaine, sans le regarder.

En effet, monsieur... j'étais fort occupée... avec monsieur !...

MONTIGNAC.

Arrivé il y a deux heures à peine, madame, je n'ai pas voulu tarder à vous rendre mes devoirs.

SÉRAPHINE.

Je vous remercie de cette attention, monsieur : il y a si longtemps que je n'ai eu l'honneur de vous voir !

MONTIGNAC.

Mais pas moins de six ans, mes amis ont pu me croire un peu mort au Sénégal !...

---

* Chapelard, Séraphine.
** Chapelard, Montignac, Séraphine.

SÉRAPHINE.

En effet, on vous a dit un moment fort malade!

MONTIGNAC.

J'en ai quelque ressentiment, et puisque vous voulez bien m'autoriser à prendre un siége!...

Il prend une chaise et s'assied.

SÉRAPHINE, à part.

Quel supplice! (Haut.) Vous êtes pour longtemps à Paris?...

MONTIGNAC.

Cela dépendra, madame, de l'affaire qui m'y ramène.

SÉRAPHINE.

Ah! vous venez pour une affaire?

MONTIGNAC.

De famille, très-délicate et très-urgente.

SÉRAPHINE.

Ah!

MONTIGNAC.

N'aurai-je pas le plaisir de saluer M. le baron de Rosanges?

SÉRAPHINE, regardant Chapelard.

Il est un peu souffrant, je crois...

CHAPELARD.

Un peu souffrant, en effet!

MONTIGNAC.

Ce sera donc pour une autre fois car je compte bien, madame, avoir l'avantage de causer avec vous plus à loisir.

Il fait mine de se lever.

SÉRAPHINE, avec espoir.

Enfin!

Chapelard se lève.

MONTIGNAC.

Mais sans attendre jusque-là, je vous serais reconnaissant si vous vouliez bien faire savoir à Yvonne que son parrain désire l'embrasser!

CHAPELARD, à part, frappé.

Le parrain !

SÉRAPHINE.

Je le ferais de tout mon cœur, monsieur, mais par malheur Yvonne est sortie ! — N'est ce pas, monsieur Chapelard ?

CHAPELARD.

Elle doit être sortie, oui.

MONTIGNAC.

Je ne crois pas, car je l'ai vue, il n'y a qu'un instant, traverser le jardin...

SÉRAPHINE.

Vous avez confondu : c'est Agathe !

MONTIGNAC, froidement et nettement.

Je vous assure, madame, qu'il n'y a pas de confusion possible pour moi. Vous devez comprendre tout le désir que j'ai de serrer cette enfant dans mes bras, et je vous aurais une grande obligation si vous vouliez bien la faire mander à l'instant ?

SÉRAPHINE.

Nous allons voir, monsieur, si cela se peut.

Elle se lève et sonne.

CHAPELARD.

M. le contre-amiral a dû trouver Paris bien changé !... (Silence.) La rue de la Paix, surtout, quelle transformation !... (Silence. A part) Il n'est pas liant !

SÉRAPHINE, à Ursule qui entre par la gauche.

Mademoiselle Yvonne n'est-elle pas sortie tout à l'heure?...*

Mouvement de tête de Chapelard à Ursule, qui lui fait signe que oui.

URSULE.

Oui, madame.

CHAPELARD, à part, se mouchant pour éviter le regard de Montignac.

C'est ça !

Signe négatif de Chapelard.

* Chapelard, Ursule, Montignac, Séraphine.

SÉRAPHINE.

Et elle ne rentrera pas pour dîner, je crois !

URSULE.

Non, madame !.. Elle dîne avec mesdemoiselles d'Ecquigny, chez leur mère.

CHAPELARD, à lui-même, avec satisfaction.

Parfait ! Comme on voit que c'est moi qui l'ai dressée !

Ursule sort.

SÉRAPHINE.

Vous voyez, monsieur, que malgré mon envie...

MONTIGNAC, se rapprochant d'elle, à demi-voix.

Ce que vous faites là, madame, est indigne !... Prenez garde !. .

SÉRAPHINE.

Monsieur !...

MONTIGNAC, de même.

Je veux voir cette enfant sur l'heure, madame ! sur l'heure, entendez-vous ! ou je vais...

SCÈNE X

LES MÊMES, YVONNE *.

YVONNE, entrant vivement, sans voir Montignac.

Maman, la bannière est prête, et...

MONTIGNAC, ouvrant ses bras.

Yvonne !...

YVONNE.

Ah ! mon parrain !...

Elle se jette à son cou.

CHAPELARD, à part.

Patatras !... Ça marchait si bien !

* Chapelard, Yvonne, Montignac, Séraphine.

MONTIGNAC, tenant Yvonne dans ses bras.

Mon enfant!... Chère!... chère et bien-aimée enfant!...
et si grande!... et si belle!.. Encore! encore! mon Yvonne
chérie!...

YVONNE, pendue au cou de son parrain.

Ah! que je suis donc heureuse de te voir!...

MONTIGNAC.

Et moi donc... et moi... Ah! mon Dieu! six ans!... pense!
Quelle joie!... Quelle!... (A Séraphine.) Emmenez-la! Je me tra-
hirais!... Emmenez-la! vite !...

Il va tomber assis à droite.

SÉRAPHINE.

C'est assez!... Retirez-vous, Yvonne!

YVONNE.

Comment, déjà!.. Je ne l'ai seulement pas embrassé!

SÉRAPHINE.

Ne voyez-vous pas que votre parrain est incommodé...
votre vue lui fait mal!...

YVONNE.

Ah! par exemple!... Mais j'ai tant de choses à lui dire!...

SÉRAPHINE.

Encore une fois, je vous ordonne de sortir!

YVONNE, intimidée.

Oui, maman!...

MONTIGNAC.

Va!... va, ma chérie, va!.... Je te reverrai demain!

YVONNE.

Longtemps?

MONTIGNAC.

Oui!

YVONNE.

Bon!... Je me sauve! Ah! que je suis contente, et que je
t'aime !

Elle sort en lui envoyant un baiser.

SCÈNE XI

LES MÊMES, moins YVONNE.

MONTIGNAC, se remettant, il se lève.

Pour aujourd'hui, madame, je ne souhaitais rien de plus. Le Ciel vient de m'accorder en quelques minutes plus de bonheur que je ne lui en aurais demandé pour toute ma vie. J'aurai l'honneur de revenir demain, et j'espère (Il regarde Chapelard.) que vous me ferez la grâce d'un entretien plus intime.

SÉRAPHINE, sonnant *.

Adieu, monsieur !

Dominique paraît au fond.

MONTIGNAC.

Non, pardon, madame, à demain !

SÉRAPHINE.

Dominique, reconduisez monsieur.

MONTIGNAC, à demi-voix.

Décidément, c'est la guerre ! Eh bien ! va pour la guerre ! (Saluant.) Madame la baronne... à demain !

Il sort.

SCÈNE XII

SÉRAPHINE, CHAPELARD, DOMINIQUE, UR-SULE, puis SULPICE, ROBERT, LE BARON.

SÉRAPHINE, à elle-même, vivement.

Oui, oui, attends demain. (A Chapelard.) Mon ami, appelez, sonnez ! qu'on vienne ! (A Dominique, prêt à suivre Montignac.) Do-minique, si la personne qui sort d'ici ose se représenter, je

* Chapelard, Montignac, Séraphine.

n'y suis pas. Et si elle franchit le seuil du vestibule, je vous chasse ! Allez, et assurez-vous qu'elle est partie !

DOMINIQUE.

Oui, madame.

SÉRAPHINE, à Ursule qui arrive au coup de sonnette, suivie de Robert, du baron et de Sulpice.

Vous, dites à Yvonne qu'elle ne sort plus ! Sulpice, mon enfant, vite, sur les pas de cet homme qui s'en va ! Et sachez où il loge !

SULPICE.

Bien, madame ! mais son nom ?

SÉRAPHINE, lui passant la carte*.

Tenez !

SULPICE, lisant.

Montignac, bien !

Il se sauve..

ROBERT, qui a entendu le nom.

Mon oncle !

SÉRAPHINE, se retournant, vivement.

Votre oncle ?

ROBERT.

Mais oui ; il est donc arrivé, je ne l'attendais que ce soir !

SÉRAPHINE.

Le contre-amiral est votre oncle ?

ROBERT.

Oui, madame, le frère de ma mère ! Monsieur le baron, voici votre copie du bail ; permettez que je coure après lui !

SÉRAPHINE, lui prenant le papier des mains, vivement.

Pardon, c'est le bail ?

ROBERT.

Signé, oui, madame !

SÉRAPHINE.

J'en suis fâchée, mais trop tard !

Elle le jette sur la table,

* Chapelard, Yvonne, Séraphine, Montignac.

ROBERT, saisi.

Oh !...

SÉRAPHINE.

J'ai loué à d'autres !

LE BARON.

Baronne !

Séraphine s'assied et écrit rapidement.

ROBERT.

Le procédé est vif, madame, et...

SÉRAPHINE, écrivant.

Dominique, ouvrez à monsieur !

ROBERT.

Je sortirai bien tout seul, madame, (A part.) et je rentrerai bien de même. (Haut.) Monsieur le baron, j'ai l'honneur de vous saluer ! — A l'oncle maintenant !

Il sort vivement.

SCÈNE XIII

SÉRAPHINE, LE BARON, CHAPELARD.

LE BARON.

Me direz-vous au moins?

SÉRAPHINE.

Rien, mon ami... votre chapeau lestement et cette lettre à . porter.

LE BARON.

A la marine   si loin !

SÉRAPHINE.

Il y a réponse, allez !...

LE BARON.

Mais c'est que mon pied !...

SÉRAPHINE, doucereusement.

Eh ! justement! de l'exercice ! courez donc !

6

LE BARON.

Au fait, oui. (A part.) Je fumerai un petit cigare en route!
(Haut.) J'y vais, baronne, j'y vais!

Il sort.

SCÈNE XIV

SÉRAPHINE, CHAPELARD.

SÉRAPHINE.

Et maintenant, vous, mon ami! Le couvent le plus sûr, le
mieux clos!

CHAPELARD.

J'ai ce qu'il nous faut.

SÉRAPHINE.

Qu'on reçoive Yvonne ce soir! à la nuit! Courez vite!

CHAPELARD.

J'y vole! Car ça chauffe! Je comprends!

SÉRAPHINE, saisie.

Vous comprenez?

CHAPELARD.

Un parrain qui embrasse sa filleule comme ça!... saprelotte! On sait ce que c'est! par expérience!

SÉRAPHINE, frappée et tombant assise.

Ah!... oh! mon ami... vous avez deviné! vous savez!

CHAPELARD.

Pas tout, mais assez!

SÉRAPHINE.

Ah! c'est fini! Je suis perdue! Vous allez me mépriser!
me maudire!

CHAPELARD.

Mais non! ma noble amie!... mais non!

SÉRAPHINE.

Oh! si! Vous me croyez bien coupable, n'est-ce pas?...

Mais j'étais si jeune !... et si délaissée ! Ah ! ce baron ! c'est bien sa faute, mon ami ! je vous jure...

CHAPELARD, de même.

Mais c'est lui, baronne, j'en étais sûr. J'allais vous le dire : c'est la faute du baron !

SÉRAPHINE.

Oh ! Dieu oui !

CHAPELARD.

Courage, ma digne amie !... vous avez bien souffert !... mais vous serez bien récompensée ! — Je prends la voiture, n'est-ce pas ?

SÉRAPHINE.

Si mon mari ne l'a pas prise !

CHAPELARD.

Il l'aura prise ! Tenez ! il monte. (Criant à la fenêtre.) Monsieur le baron ! à pied, de grâce !... Laissez-moi la voiture ! C'est pour votre bien ! (En scène.) Au lieu de se mortifier en allant à pied !... Un si grand pécheur.

Il se sauve. La toile tombe.

FIN DU DEUXIÈME ACTE

ACTE TROISIÈME

Appartement d'Yvonne. Fenêtre au fond, ouvrant de plain-pied sur le jardin. — Porte d'entrée à gauche. — Porte d'intérieur à droite. Cheminée dans l'angle à gauche. Piano dans l'angle à droite. Canapé à droite. Guéridon au milieu. Un pouf devant le guéridon.

SCÈNE PREMIÈRE

PLANTROSE, AGATHE.

Ils entrent par la droite.

PLANTROSE.

Enfin! Puis-je espérer, ma chère Agathe, que j'aurai la bonne fortune de vous entretenir, cette fois, sans que personne se jette à la traverse de nos paroles ?

AGATHE.

Mais, je le pense...

PLANTROSE.

Votre mère, qui semble fort préoccupée, s'est renfermée chez elle pour écrire; votre père est sorti... votre sœur est au jardin, et cet appartement, qui est le sien, est le meilleur endroit que nous puissions choisir.

AGATHE, s'asseyant sur le canapé.

Enfin, monsieur, où voulez-vous en venir ?

PLANTROSE, légèrement.

A une résolution, ma chère Agathe, qui va, je pense, vous combler d'aise. — Nous allons nous séparer.

AGATHE, saisie.

Nous séparer !

PLANTROSE. .

Oui !

AGATHE.

Et voilà ce que vous m'offrez froidement ! Une séparation
entre mari et femme !...

PLANTROSE.

Oh! ne dénaturons pas les choses. Je ne suis pas votre
mari, et vous n'êtes pas ma femme. On ne saurait être à la
fois à son mari et à Dieu autant que vous l'êtes : il faut
choisir. Certaines femmes, que j'estime et vénère, savent allier
les principes de la religion aux exigences de la vie conjugale.
Elles ne transportent par les rigueurs du cloître au sein du
ménage. De tous les devoirs que Dieu leur impose, elles n'i-
gnorent pas que le premier, le plus sacré, c'est le bonheur de
leur mari, et que, pour être épouses tendres, elles ne sont
que meilleures chrétiennes ; mais ceci est la vraie piété. Ce
n'est point votre fait, on ne vous enseigne que le fanatisme.
Votre ménage n'est pas de ce monde. Il est au Ciel, et en galant homme qui ne veut être ni importun ni ridicule, je me
retire !

AGATHE.

En vérité, monsieur, je me demande si ceci est sérieux,
pouvez-vous comparer l'amour que j'offre à Dieu à l'affection
que je vous dois?... et quel reproche?...

PLANTROSE.

Un seul! vous avez tué toutes mes joies!

AGATHE.

Et quelles joies encore?

PLANTROSE.

J'ai dit toutes! — Je n'avais qu'un rêve : vous faire la vie
radieuse de notre fortune et de notre âge. Vous n'avez eu
qu'un but : me faire de mon ménage un séjour d'amertume
et d'ennui !

AGATHE.

Oh ! monsieur ! que le Ciel qui nous entend...

PLANTROSE.

Ah ! restons sur la terre !... J'aime les repas délicats ; j'aime les bonnes causeries d'hiver au coin du feu ; j'aime l'esprit, j'aime le rire !... Mes meilleurs amis, invités par moi, sont venus une fois, une seule ! L'indifférence de votre accueil , l'air glacial de votre belle-mère, la mauvaise grâce des valets à les servir, une cuisine monastique ; tout offensait à la fois leur esprit, leur palais, leurs yeux ! j'ai supprimé les dîners ! j'ai supprimé l'esprit, l'amitié, le rire !...

AGATHE.

Mais enfin !

PLANTROSE.

J'aime les voyages, et toute jeune femme en est avide ! Je vous ai proposé les bords du Rhin ; vous n'avez voulu voir que Rome, et de Rome que ses églises !... Indécents, les musées !... impurs, les antiques !... trop nu, Raphaël !... j'ai supprimé les voyages !... J'aime les théâtres, les bals, les concerts !...

AGATHE.

Vos plaisirs mondains !...

PLANTROSE, interrompant.

J'ai supprimé les plaisirs mondains ! Mais enfin, la chambre de ma femme, ce n'est point mondain, cela !... Vous en avez fait un sanctuaire si redoutable, que le plus chaste désir n'y trouve plus un pauvre petit coin tendre où se nicher... Et maintenant que vous avez chassé de chez moi tout ce qui fait le charme de la vie, vous me demandez ce que vous avez tué !... comptez donc vos morts !

AGATHE.

Je n'en vois qu'un seul à pleurer ! Votre amour ! mais grâce à Dieu, il me reste encore mon enfant !

PLANTROSE , assis sur le pouf.

Ah ! mon enfant, c'est vrai... j'oubliais mon enfant ! Je rentre, avide de trouver une consolation dans ses caresses, et à peine sur mes genoux : « Bébé, qu'as-tu fait ce matin ? — Papa, j'ai prié pour que tu n'ailles pas en enfer ! »

AGATHE.

Est-il défendu de le faire prier pour que vous échappiez aux tentations du mal?...

PLANTROSE.

Que ne le faites-vous prier aussi pour que j'échappe aux gendarmes !... sa conclusion d'enfant serait la même : papa est un drôle !

AGATHE, luttant contre son émotion.

Je ne suis qu'une femme et vous aurez toujours raison !... Aussi bien, ce ne sont pas mes faibles efforts qui pourraient vous retenir... séparons-nous... Rendez-moi du moins cette justice que si je me suis trompée, c'est de bonne foi ! J'ai voulu votre bonheur !... je m'y suis mal prise... c'est ma faute... mais vous pouvez me pardonner, mon ami, j'en suis punie bien amèrement !

PLANTROSE, se levant et allant à elle.

Agathe ! vous pleurez !

AGATHE.

Ah ! je ne voulais pas ; mais c'est plus fort que moi!... ce qui m'arrive est si cruel !... Qu'ai-je fait pour le mériter?... je n'ai rêvé que le bien ! j'ai voulu concilier tous mes devoirs, et rester à la fois fille obéissante, chrétienne assidue et digne épouse, et je n'ai réussi qu'à vous détacher de moi?... N'est-ce pas bien injuste... et bien douloureux ?...

PLANTROSE.

Agathe, mon amie !...

AGATHE.

Oh ! ne me parlez pas ainsi ! vous me haïssez !

PLANTROSE, vivement.

Non, je ne te hais pas ! pauvre enfant ! je t'aime !... et si je t'ai parlé de la sorte, c'est que je voulais t'arracher une larme, un cri du cœur !

Il s'est assis près d'elle sur le canapé.

AGATHE, vivement.

Ah! tu ne pars plus, alors ?

PLANTROSE.

Sans toi? jamais !... mais tous deux ! à l'instant !

Il se lève.

AGATHE, se levant.

Quitter ma mère !

PLANTROSE.

Surtout quitter ta mère ! ô Dieu !

AGATHE.

Oh ! Olivier, que me proposez-vous là ?

PLANTROSE.

Ton bonheur ! le mien !

AGATHE.

Elle me maudira !

PLANTROSE

Je te bénirai !... Il est écrit : Tu quitteras père et mère pour suivre ton mari... ce que je sais de la Bible, je le sais bien !

AGATHE.

Et si nous nous trompions !

PLANTROSE.

Jamais !

AGATHE.

Il y a de quoi nous conduire en enfer !

PLANTROSE.

Ta mère n'y sera pas !

AGATHE.

Ah Dieu ! plaisanter dans un tel moment !...

PLANTROSE, avec chaleur.

Non, je ne plaisante pas !... mais, une fois dans ta vie, sois donc ma vraie femme ! écoute-moi !... Qui peut mieux te conseiller que ton mari, le père de ton enfant, celui qui t'adore à cause de lui, et qui l'adore à cause de toi?... Agathe, mon amour ! viens avec moi !... je serai ton défenseur, ton directeur, ta mère, si tu veux !...

AGATHE, hésitant.

Ah ! mon Dieu !

PLANTROSE.

Allons !

La porte de droite s'ouvre et Séraphine paraît, suivie du baron.

AGATHE.

Ma mère !... non, jamais !...

PLANTROSE, à part.

Mille diables !...

Il remonte à la cheminée.

SCÈNE II

PLANTROSE, AGATHE, SÉRAPHINE, LE BARON.

SÉRAPHINE, à Agathe *.

Je vous entends de ma chambre, et vous semblez fort
émue... que se passe-t-il donc ?

PLANTROSE.

Rien, madame, qui réclame votre présence...

SÉRAPHINE.

Ah ! c'est vous, monsieur... je vous croyais dans les coulisses de l'Opéra.

Mouvement d'Agathe, qui regarde Plantrôse.

AGATHE.

Pourquoi dans les coulisses de l'Opéra, ma mère ?

Le baron s'assied sur le canapé.

SÉRAPHINE.

Votre mari, ma fille, saura mieux que moi vous expliquer
ce qu'il y faisait hier au soir aux pieds de mademoiselle
Georgette.

AGATHE.

Ah !

* Agathe, Plantrôse, Séraphine, le baron.

PLANTROSE, à part.

Jalouse... très-bien ! (Haut, froidement, en redescendant.) C'est exact... je suis ravi, madame, que vous preniez les devants ; car ceci me met fort à l'aise. Monsieur le baron, j'ai le regret de vous annoncer que je ne vais plus avoir le bonheur de demeurer sous le même toit que vous !

LE BARON.

Par exemple !

PLANTROSE.

Je quitte votre hôtel à l'instant, pour aller loger rue Lepelletier, 22, près de l'Opéra !

AGATHE.

Oh ! monsieur !

SÉRAPHINE.

En vérité, on se demande si l'on rêve, à entendre des choses si étranges !

PLANTROSE, prenant son chapeau qu'il a posé en entrant sur le guéridon.

Moins étranges, madame, que celles auxquelles votre pruderie me condamne !

SÉRAPHINE.

C'est bien le langage, en effet, d'un homme tout à la matière.

PLANTROSE, tranquillement.

Je suis tout à la matière !

SÉRAPHINE.

Et il faut avoir des appétits bien charnels...

PLANTROSE.

J'ai des appétits excessivement charnels !

SÉRAPHINE.

Ah ! ma fille ! quel mari vous avez là !

PLANTROSE.

Pardon ! rectifions !... Quel mari elle n'a pas là !

LE BARON.

Mais enfin ! sacré mille !...

SÉRAPHINE.

Baron !

LE BARON.

C'est pourtant le cas de jurer, madame ! Quand trouve-rai-je une meilleure occasion de jurer ? Ainsi, monsieur, vous osez faire à ma fille...

PLANTROSE.

Eh ! baron ! de quoi se plaindrait-elle ? Et quel tort est-ce que je lui fais ?... Je porte ailleurs mon amour dont elle ne veut pas !... Je lui rends service !

SÉRAPHINE.

Monsieur !

PLANTROSE.

Madame... 22, rue Lepelletier : voilà ma carte !... Si votre fille a la bonté d'y réfléchir, elle comprendra que mademoi-selle Georgette n'est ici que l'emblême d'une vie nouvelle à laquelle je ne me résigne que par force. Et si l'offre immé-diate de mon bras... (Mouvement d'Agathe.) Non ! c'est trop tôt?... Très-bien !... j'attendrai !

SÉRAPHINE.

C'est tout attendu, monsieur... notre fille fera son devoir *!

Elle remonte.

PLANTROSE.

Je l'espère, madame ! — Monsieur mon beau-père, je vous salue cordialement. (Le baron lui tend la main, Plantrôse lui montre Séraphine ; ils s'abstiennent.) Vous serez toujours le bien venu chez moi, et vous y pourrez jurer et fumer à loisir. (A Agathe.) Madame, n° 22, n'oubliez pas !... (A la baronne.) Madame la baronne, Dieu vous garde !... Ah ! Seigneur ! qu'il vous garde !... c'est mon vœu le plus cher !

Il sort par la gauche en saluant.

* Agathe, Séraphine, Plantrôse, le baron.

SCÈNE III

AGATHE, SÉRAPHINE, LE BARON.

LE BARON, se levant.

Vous souffrez qu'il parte !

SÉRAPHINE.

Pourquoi pas ?

AGATHE, suppliante.

Madame !

SÉRAPHINE.

Mon enfant, laissez-vous guider par moi. Et courage !

LE BARON.

Mais il s'en va !

SÉRAPHINE.

Sans doute !

LE BARON.

Mais ma fille et son enfant !

SÉRAPHINE.

Mon Dieu, baron, laissez-nous donc faire !... Où allez-vous,
Agathe ?

AGATHE.

Chez moi, madame. J'ai vraiment besoin d'être seule !

Elle sort par la droite.

SÉRAPHINE.

Oui, oui ; allez pleurer, mon enfant, cela vous soulagera..

SCÈNE IV

LE BARON, SÉRAPHINE.

LE BARON.

Eh bien ! voici de belle besogne !

SÉRAPHINE.

Laissons cela, qui n'a rien que d'heureux pour nous, et venons à ce qui m'intéresse bien autrement !

LE BARON.

Ma commission ?

SÉRAPHINE.

Oui, la réponse ?

LE BARON.

Verbale !... M. de Montignac !... (Poussant un petit cri de douleur.) Aïe !

SÉRAPHINE.

Achevez donc, pour Dieu ! M. de Montignac ?...

LE BARON.

Attendez ! Oh ! quel élancement ! oh ! quelle douleur !

SÉRAPHINE, doucement.

Tant mieux ! (Le baron, ahuri, la regarde et s'assied sur le pouf en se frottant la jambe. Elle poursuit.) C'est une épreuve que Dieu vous envoie pour votre bien !

LE BARON.

Pour mon bien ! Crédié ! elle a des arguments !...

SÉRAPHINE.

Mon Dieu, laissons cela !... M. de Montignac ?... Achevez !

LE BARON, se remettant.

Eh bien ! il est ici pour deux jours !

SÉRAPHINE, avec joie.

Pas plus ?

LE BARON.

Pas plus !... Il repart demain pour prendre le commandement de l'escadre qui est à Cherbourg !

SÉRAPHINE, avec joie.

Ah ! quel bonheur !

LE BARON.

Plaît-il ?

SÉRAPHINE.

Et où va cette escadre ?

LE BARON.

Ah ! je n'en sais rien !

SÉRAPHINE.

Vous n'avez pas eu l'esprit de le demander?

LE BARON.

Ma foi non! Qu'est-ce que ça me fait?

SÉRAPHINE.

Mais cela me fait à moi! Il faut le savoir... Retournez tout
de suite... courez... courez vite!...

LE BARON.

A la marine?

SÉRAPHINE.

Eh! sans doute!

LE BARON.

Avec ma douleur?... et sans ma voiture?...

SCÈNE V

LES PRÉCÉDENTS, CHAPELARD *.

CHAPELARD, par la gauche.

Maintenant, vous pouvez la reprendre, baron.

LE BARON.

Vous êtes trop bon!

CHAPELARD.

Et cette jambe?

LE BARON, se levant.

Monsieur Chapelard, je viens d'avoir un élancement !...
Tenez-vous bien !... je ne vous dis que cela !...

SÉRAPHINE.

Mais, allez donc!

LE BARON.

Eh! oui. (A part.) Je fumerai un second cigare, voilà
tout !..

Il sort par la gauche.

* Chapelard, le baron, Séraphine.

SCÈNE VI

CHAPELARD, SÉRAPHINE.

CHAPELARD, à part.

Toi, si tu savais tout !... tu aurais bien d'autres élancements !

SÉRAPHINE.

Eh bien ! mon ami.

CHAPELARD.

C'est fait !... rue d'Enfer... des dames charmantes !... un petit muscat !... On n'attend plus qu'Yvonne, quand il vous plaira !

SÉRAPHINE.

Et une maison?...

CHAPELARD.

Oh ! des grilles !... Une fois là-dedans !

SÉRAPHINE.

Ah ! merci, mon ami !

CHAPELARD.

Maintenant, chère baronne, êtes-vous remise un peu ?

SÉRAPHINE.

Ah ! mon ami ! Vous êtes l'indulgence même... mais quelle honte !... quelle faute !

CHAPELARD.

C'est gros ! je sais bien ! c'est gros !

SÉRAPHINE.

Ah! mon ami, tout me condamne ! il n'y a pas que le crime en lui-même... Les suites sont horribles !... Une fille née de ma faute... élevée dans la maison conjugale comme l'enfant de mon mari ! Mon crime assis à son foyer, à sa table, et lui volant sa tendresse !... mais, mon ami, c'est affreux, cela ! Il n'y a là ni intention ni scandale qui tienne...

C'est un fait monstrueux que rien ne justifie, et qui me
torture dans ce monde en m'épouvantant pour l'autre!

CHAPELARD.

Permettez!...

SÉRAPHINE.

Et vous me demandez pourquoi je veux Yvonne au couvent!... Dix-huit ans que j'endure ce supplice atroce de voir
dans cette enfant ma faute vivante, animée, marcher, grandir
près de moi... J'ai prié, j'ai pleuré; et quand je crois avoir
trouvé l'oubli dans l'extase, le premier objet qui frappe ma
vue, c'est ma fille priant à mes côtés, et une voix murmure à
mon oreille « Adultère!... » J'entasse les bonnes œuvres, j'é-
difie le monde entier, je prosterne mon front dans la cen-
dre!... Et quand je savoure enfin cette joie de me dire : « Je
suis une élue de Dieu!... » J'entends cette enfant répondre à
mon mari : « Mon père!.. » Et la même voix me crier :
« Adultère!... » Je quitterai ce monde, admirée, bénie, sanc-
tifiée! Je prendrai mon vol vers le Ciel; j'y retrouverai ma
fille pour me barrer le passage; la même voix pour me crier
encore : « Hors d'ici... l'adultère... » Et je serai damnée!...

Elle tombe sur le canapé.

CHAPELARD.

Mon amie!

SÉRAPHINE.

Et pour cette malheureuse enfant; car sans elle, ce serait
fini, c'est expié!... Il y a si longtemps! (Se levant.) Et voici
l'autre qui m'arrive maintenant!.. cet homme qui m'a perdue!... Je le hais!... (Avec élan et conviction.) O mon Dieu!
vous le damnerez, celui-là, je l'espère!

CHAPELARD.

Mais que craignez-vous de lui?

SÉRAPHINE.

Tout!... Vous ne le connaissez pas!.. Une volonté de fer!
et puis il n'est pas marié, il n'a pas d'autre enfant!... Et il
adore Yvonne!... toute petite, en nourrice, plus tard à sa
pension, c'est lui qui, tous les jours, allait la voir. Elle l'a

connu avant moi ; et au fond, je suis sûre qu'elle l'aime
plus que moi !... Du couvent, l'an dernier, elle lui écrivait
des lettres d'une tendresse ; et il répondait sur le même ton !
J'y ai mis un terme : mais ce que j'ai lu m'a suffi ; il lui
écrivait : Patience! attends-moi !... je te marierai !...

CHAPELARD.

Oh !

SÉRAPHINE.

Comprenez-vous ? — En la mariant, il se donne une famille !... Et s'il revient, c'est pour nous l'arracher !

CHAPELARD.

Mais voyons ! voyons ! voyons donc ! mais... mariée !...
elle ne vous gêne plus! tout s'arrange! Oh !... (Il se rapproche d'elle.) Mais, tenez, une idée, une excellente idée qui me
vient tout à coup !... si on la mariait avec Sulpice ?...

SÉRAPHINE.

Avec Sulpice ?...

CHAPELARD.

La naissance de ce garçon n'est pas très-régulière !... Elle,
de son côté... ils sont faits l'un pour l'autre !...

SÉRAPHINE.

Y pensez-vous, mon ami ?

CHAPELARD.

Oui, subitement !... Les bonnes idées éclatent comme cela!

SÉRAPHINE.

Marier Yvonne! voler encore à cette maison l'argent de
sa dot !

CHAPELARD, refroidi.

Diable ! c'est que sans dot !...

SÉRAPHINE.

Et puis, mon ami, si je la fais religieuse, cette enfant, que
j'aime enfin, que j'aime, c'est pour son bien !

CHAPELARD.

Oh !

SÉRAPHINE.

Elle est le fruit du crime; Dieu ne peut pas bénir ses jours !...

7

Il me punirait dans elle... En la lui consacrant, je la mets à
l'abri de sa colère!... Et je fais à la fois son salut et le mien!
Dès ce soir, à la nuit close, Yvonne en voiture et au couvent! Vingt-quatre heures et nous sommes sauvés! Cet
homme part demain!...

CHAPELARD.

Vous avez prévenu votre fille?

SÉRAPHINE.

Pas encore!... Mais je vais le faire à l'instant.

CHAPELARD.

Et si elle se fait prier?

SÉRAPHINE.

Elle!... Allons donc, mon ami! elle n'a pour volonté que
la mienne! (A Ursule entrée de la droite.) Appelez Yvonne!

CHAPELARD.

Je vous laisse donc avec elle... jusqu'à l'heure du dîner,
et je vais chez Sulpice!

SÉRAPHINE.

J'attends encore l'adresse de cet homme, qu'il devait me
faire savoir.

CHAPELARD.

Pauvre enfant!.. Un oubli!.. Il est si occupé! tant de
bonnes œuvres... Ce matin encore, croiriez-vous qu'il est
venu, tout effaré, m'emprunter l'argent des petits Patagons!

SÉRAPHINE.

La quête?

CHAPELARD.

Oui, une bonne action, à ce qu'il paraît! Une personne
bien intéressante qu'il s'agit de sauver! Il avait des larmes
dans les yeux! Pauvre chérubin!

SÉRAPHINE.

Et vous lui aviez confié cet argent?

CHAPELARD.

Tout de suite! avec lui je suis si tranquille!

SÉRAPHINE.

Pas moi ! Il est bien jeune, mon ami !

CHAPELARD.

Oh! un vieillard, Sulpice, pour la raison! Ah! c'est un enfant qui me fait bien de l'honneur... Le dîner à sept heures, n'est-ce pas?

SÉRAPHINE.

Oui. —Ah ! mon ami, que de mal pour gagner le Ciel !

CHAPELARD.

Surtout quand on a pris un chemin !...—Voici votre fille.— A tantôt !

Il sort par la gauche.

SCÈNE VII

SÉRAPHINE, YVONNE.

YVONNE.

Tu me demandes, maman?

SÉRAPHINE.

Oui, mon Yvonne, j'ai une bonne nouvelle à t'apprendre.

YVONNE.

Laquelle?

SÉRAPHINE.

Embrasse ta mère, chère enfant ; ta dispense d'âge est arrivée.

YVONNE.

Ah ! c'est pour cela?

SÉRAPHINE. l'embrassant.

Et tu n'es pas radieuse ?

YVONNE.

Écoute, maman, puisque nous y voilà !... Veux-tu que nous causions toutes deux à cœur ouvert?

SÉRAPHINE, inquiète.

Ah ! voyons !

Elles s'asseyent sur le canapé.

YVONNE.

Vois-tu, j'ai beaucoup réfléchi dans ces derniers temps, et je crois qu'on s'est bien trompé sur mon compte.

SÉRAPHINE.

Trompé?

YVONNE.

Oui, c'est la faute de mère Angélique et de toutes les bonnes sœurs qui m'ont fait une réputation au couvent «...Oh! ce bon petit chérubin!... oh! ce cher petit ange du bon Dieu. oh! douce Yvonne! quelle adorable petite religieuse vous feriez... et que notre saint voile irait bien à vos jolis yeux!» Au fond, maman, tout cela flatte et grise un peu! je laissais dire en souriant!... quand, un beau matin, je n'ai jamais su pourquoi...le bruit se répand dans tout le couvent, que ma vocation s'est déclarée et que je vais commencer mon noviciat. Je cours à mère Angélique qui se jette dans mes bras et pleure de joie!...voilà toutes les sœurs qui m'entourent, qui sanglotent, qui m'embrassent! — Voilà que cela me gagne aussi... je pleure! j'embrasse... Et il paraît que tout cela prouve que j'ai la vocation!

SÉRAPHINE.

Eh bien?

YVONNE.

Mais, c'est que depuis... je me suis bien examinée... et je ne l'ai pas du tout, cette vocation!... mais pas du tout!...

SÉRAPHINE.

Comment peux-tu raisonner sur tout cela, chère enfant, toi qui ne sais rien du monde? Laisse-toi guider par ta mère qui te connaît mieux que toi!

YVONNE.

Mais, voyons, maman, ce n'est pas possible! J'aime le bal, les spectacles, les voyages, et surtout le grand air! j'aime tout!... et la vocation consiste à n'aimer rien!... que Dieu seul!.. Comment accorder cela?

SÉRAPHINE.

Ah! mon pauvre cher trésor; tout cela, tu le sauras trop tôt, n'est que vanité!... crois-en ta mère!... interroge ta conscience.

YVONNE.

Ma conscience me répond : « Yvonne, tu n'es pas faite pour cette vie-là! N'y va pas!... Tu t'en repentirais... » Cela ne varie pas!

SÉRAPHINE.

Ah! malheureuse enfant! prends garde!... C'est ton salut que tu perds!

YVONNE.

A ce compte-là, maman, le tien serait donc perdu ; car tu n'as pas pris le voile?

SÉRAPHINE.

Oh! moi.

YVONNE.

Toi, et toutes les autres! Il ne peut pourtant pas y avoir que des religieuses? — Dieu ne nous a pas faites que pour ce a? Moi, si tu veux que je te parle franchement, je voudrais faire comme toi... me marier.

SÉRAPHINE.

Ah!

YVONNE.

Et si Dieu m'envoyait jamais des petits enfants à aimer et dorloter... Ah! il n'y aurait pas de bonheur pour moi pareil à celui-là!... Nous voilà joliment loin du couvent, tu l'avoueras!...

SÉRAPHINE

Et tu oseras faire un tel aveu à ce monde tout plein déjà du bruit de ton sacrifice? Et tu lui diras : Eh bien! non! ne m'admirez pas! car je ne mérite que vos mépris!... A l'heure du dévouement... je faiblis!... je recule! j'ai peur!... Remportez vos palmes et vos couronnes! Je ne suis pas l'épouse de Dieu! Je ne suis qu'une demoiselle à marier, comme les autres?

YVONNE.

Ma mère!

SÉRAPHINE.

Tu ne feras pas cela, mon Yvonne! Tu as le cœur trop haut pour admettre que le monde parle ainsi de toi! N'est-ce pas que tu ne le voudras pas?

YVONNE.

Maman, je n'ai qu'une chose à te répondre! — Tu m'aimes bien, n'est-ce pas?

SÉRAPHINE.

Oh! oui!

YVONNE.

Et tu ne veux que mon bonheur?

SÉRAPHINE.

Dieu m'en est témoin!

YVONNE.

Eh! bien, n'insiste pas; car si je t'obéissais, je serais très-malheureuse!

SÉRAPHINE.

Oh! ce n'est pas toi qui parles ainsi! Quelqu'un t'a dicté ces paroles!

YVONNE.

Et qui donc?

SÉRAPHINE.

Ton parrain!

YVONNE.

Mon parrain?

SÉRAPHINE.

Oui, tu lui as parlé! hors de cette maison!

YVONNE.

Non, maman! je te jure!...

SÉRAPHINE.

Jure-moi qu'il ne t'a ni parlé ni écrit!

YVONNE.

Oh! maman, pour écrit!

SÉRAPHINE, se levant.

Allons donc! Il t'a écrit! J'en étais sûre. Cette lettre! Donne! Je la veux!

YVONNE.

Je l'ai déchirée!

SÉRAPHINE.

Tu mens.

YVONNE, se levant.

Si j'étais fille à te mentir, maman, j'aurais nié la lettre; c'était plus vite fait. Je t'assure que je l'ai déchirée... et qu'il n'y avait que ces mots : « Mon Yvonne, je suis arrivé! »

SÉRAPHINE, avec amertume.

Mon Yvonne!

YVONNE.

Ça, maman, tu sais qu'il ne m'a jamais appelée autrement ; car je suis bien son Yvonne, et toute à lui du fond du cœur!

SÉRAPHINE.

Les beaux sentiments, en vérité! et que cela est touchant de filleule à parrain !

YVONNE.

Ah! maman, écoute. Je ne sais pas ce qui s'est passé entre vous, et je vois bien depuis longtemps que tu ne peux pas le souffrir!... Moi, c'est différent. Comment oublierai-je les premières impressions de ma vie? — Si haut que remonte mon souvenir, c'est lui que je vois penché sur mon berceau.... et qui me regarde... d'un œil si doux, si tendre!... Un peu plus tard, j'étais encore en nourrice, quoique déjà grandelette... Tu étais en voyage, toi, je pense... j'étais bien malade... une fièvre!... Je me vois devant sur mon petit lit! poussant des cris de terreur : mon parrain m'enlève dans ses bras! me serre sur son cœur et me dit : « N'aie pas peur! C'est moi, *mon Yvonne* adorée! » Et tout en me couvrant de baisers, il pleure... Je sens une de ses larmes tomber sur mon front brûlant!... Alors je m'apaise! Il me semble que je m'endors... mon souvenir s'arrête à cette larme, mais elle est restée si présente ! Je la sens toujours!... Elle est là, tiens !... Tous les baisers ne l'ont pas effacée de mon front!... Juge si rien au monde l'effacera jamais de mon cœur !

SÉRAPHINE, à part.

Oh ! le démon ! Il me l'a prise !... tenez !...

YVONNE.

Et Dieu sait pourtant que tu l'as essayé ! Et que je t'en ai bien voulu... je te demande pardon ; mais je dis tout !

SÉRAPHINE.

Qu'ai-je essayé ?

YVONNE.

A la pension, et plus tard au couvent, il m'écrivait, et de si bons conseils, si affectueux ! Je lui répondais toujours. Il y a un mois, mère Angélique, à qui nous remettons nos lettres, me dit : « Mon enfant, c'est inutile ; celle-ci ne partira pas ! c'est l'ordre de madame la baronne ! Et j'ai mission également de ne pas vous remettre celles qui vous viendraient de la même personne... » Je suis rentrée dans ma chambre, où j'ai pleuré !... Catherine, ma nourrice, est venue me voir ; je lui ai tout conté ; elle m'a vue si triste, la pauvre femme, qu'elle m'a dit : « Eh bien, écoutez, mon enfant, votre mère est fâchée avec votre parrain ; mais donnez-moi vos lettres, je les lui enverrai, et c'est moi qui vous apporterai les réponses ! »

SÉRAPHINE.

Et vous avez profité ?...

YVONNE.

Oh ! c'était mal, maman, je le sais, très-mal, et je t'en demande bien pardon, mais je n'y tenais plus ! j'étais trop malheureuse ! Et je suis si contente de pouvoir tout te confesser une bonne fois. (Respirant.) Ah ! maintenant, j'ai tout dit ! Tu vois, je respire à l'aise !

SÉRAPHINE.

J'apprends ici de belles choses !

YVONNE,

Ah ! pardonne-moi, dis-moi que tu me pardonnes !

SÉRAPHINE.

Oui, je vous pardonne.

YVONNE.

Oh ! vous, c'est bien sévère !

SÉRAPHINE.

Allons ! je te pardonne, mais achève ! Il vous a donc écrit, récemment par cette belle entremise ?

YVONNE.

Et j'ai su qu'il revenait en France ! tu penses ma joie ! Mais quand tu m'as fait venir à la maison, il y a un mois, plus de Catherine ! tu ne veux plus la voir, et plus de lettres ; j'étais à moitié folle, moi qui l'attendais tous les jours. Hier, je n'y tenais plus ; je me suis décidée à écrire à Catherine, et... en allant à l'église !... j'ai lais é... mais tu m'as bien pardonné, n'est-ce pas ?...

SÉRAPHINE.

Oui !

YVONNE.

C'est fini ?... Tu ne reviendras plus là-dessus ?

SÉRAPHINE.

Non !

YVONNE.

Ah ! c'est que c'est bien mal encore ! ce que j'ai fait là !..

SÉRAPHINE.

Mais, pour Dieu ! achevez ! vous avez laissé...

YVONNE.

J'ai laissé passer Agathe devant moi, et j'ai jeté ma lettre à la poste !

SÉRAPHINE.

Mais comment donc ? c'est charmant !

YVONNE.

Ah! maman! si tu retires la grâce!

SÉRAPHINE.

Non! et ce matin, sans doute?

YVONNE.

Catherine m'a glissé la réponse en question, qui m'a fait un plaisir!...

SÉRAPHINE.

Est-ce tout?

YVONNE.

Oh! c'est bien tout!

SÉRAPHINE.

Et quand je le disais, que le démon rôdait autour de vous, pour vous perdre!

YVONNE.

Qui çà, le démon?... Mon parrain?

SÉRAPHINE.

Qui veut t'enlever à moi.

YVONNE.

Ah! par exemple!

SÉRAPHINE.

Yvonne! jure-moi que tu ne lui écriras plus, ma fille, jure-le moi!

YVONNE.

Mais, maman!

SÉRAPHINE.

Jure! ou je ne pardonne pas!

YVONNE.

Si je suis sûre de le voir?

SÉRAPHINE.

Ah!... Eh bien! oui, tu le verras!

YVONNE.

Oh! alors, je jure!... J'aime mieux le voir!

SÉRAPHINE.

Mais tu vas rentrer au couvent ce soir même!

YVONNE; avec effroi.

Tu veux toujours que je sois religieuse ?

SÉRAPHINE.

Plus que jamais.

YVONNE.

Mais je t'ai dit !...

SÉRAPHINE, changeant de ton subitement, doucement, tendrement,
s'asseyant avec elle sur le canapé.

Mon Yvonne !... ma belle, ma mignonne !... je t'en supplie !
ne fais pas le malheur de ta mère et le tien... Écoute-moi ;
laisse-moi faire ! ce sera si bon ! Je te conduirai là si doucement et par des chemins si faciles !... tu ne t'en apercevras
pas !

YVONNE.

Oh ! si !

SÉRAPHINE, lui fermant la bouche par un baiser
et continuant de même.

Et tu accomplis mon vœu !... et tu sauves ta mère !...
Mon Yvonne chérie, exauce-moi ; tu seras la seule prière de
ma vie, ma vie elle-même. Je ne vivrai plus que pour toi ! et
je te bénirai deux fois ! à genoux, tiens !... (Elle glisse à genoux). Car c'est oui, n'est-ce pas ? Tu l'as dit ! Oui, n'est-ce
pas ?... Ah ! tu l'as dit ! tu l'as dit ! merci !

YVONNE, se dégageant.

Oh ! maman ! tu me fais peur !

SÉRAPHINE, debout, exaspérée.

Et toi, donc !... Oh ! misérable fille ! qui ne fais rien, rien
pour sa mère !

YVONNE, se levant.

Mon Dieu !

SÉRAPHINE,

Ah ! taisez-vous !... Et je m'abaisse à vous prier quand j'ai
le droit de dire : Je veux !...

YVONNE.

Je t'en supplie, maman !

SÉRAPHINE *.

Ah ! vous avez besoin de la retraite ! Ah ! vous écrivez et recevez des lettres clandestines !

YVONNE.

Ah ! ça, maman, c'est mal !... tu l'avais pardonné !...

SÉRAPHINE.

Et vous jugez votre mère encore !

YVONNE.

Maman, pitié !

SÉRAPHINE.

Vous rentrerez au couvent ce soir !

YVONNE, épouvantée, la retenant.

Ma mère !... mère chérie !... tout ce que tu voudras ; mais, par pitié, par grâce ! pas au couvent ! pas là ! J'ai peur ! maman, ne me fais pas retourner là ! c'est horrible ! j'y mourrai !

SÉRAPHINE.

Allons ! folies !...

YVONNE, sanglotant.

Tu ne peux pourtant pas avoir promis de me faire souffrir !... C'est affreux, cela !

SÉRAPHINE.

Je suis votre mère, et je le veux !

YVONNE, brisée.

C'est bien ! j'irai, maman !... j'irai...

Elle tombe épuisée, assise.

SÉRAPHINE.

Elle va pour sortir, puis revient sur ses pas, se penche sur Yvonne, et, la soulevant à demi, tendrement.

Ah ! si tu consentais pourtant !... si tu me disais : « Mère

* Yvonne, Séraphine.

adorée, oui, pour t'obéir, pour te plaire, j'irai avec bonheur, avec joie... » Ah ! mon Yvonne !

YVONNE.

Je le voudrais... je ne peux pas !... tu vois bien, je ne peux pas !

SÉRAPHINE, se redressant,

Ah ! vous aurez beau faire tous les deux... tu seras heureuse... malgré toi !

Elle sort.

SCÈNE VIII

YVONNE seule, puis URSULE.

La nuit vient.

YVONNE.

Malgré moi, oui !... elle le fera !... Une fois dans ce couvent, je n'en sortirai plus... et quand je n'aurai plus de volonté pour me défendre !... (Se levant.) Oh ! jamais ! je ne le veux pas ! je me tuerais plutôt ! Heureusement, j'ai mon parrain ! Il me défendra, lui !... J'ai le temps de le prévenir !... d'écrire... (Elle écrit fiévreusement, puis s'arrête.) J'ai juré de ne plus écrire...Oui, si je le voyais... mais je ne le verrai plus maintenant !... On s'en gardera bien ! (Elle recommence à écrire.) Ah ! je n'ai pas le choix... Je trouverai bien quelqu'un pour la porter !... et...

Ursule entre par la droite avec un flambeau. Yvonne cache vivement sa lettre.

URSULE *.

Madame la baronne m'a dit que mademoiselle dinerait chez elle...

YVONNE.

Ici ?... toute seule ?...

* Yvonne, Ursule.

URSULE, *allumant sur la cheminée*.

C'est la volonté de madame la baronne ! mademoiselle ne devant plus quitter sa chambre avant son départ !...

YVONNE, *à part*.

Mon Dieu ! et ma lettre !... Ah ! Agathe !... (Haut.) Dites à ma sœur de venir me parler tout de suite !...

URSULE.

Madame de Plantrôse est dans sa chambre fort souffrante, mademoiselle ; elle a condamné sa porte !

YVONNE.

Ah ! mon beau-frère, alors !...

URSULE.

Monsieur de Plantrôse a quitté l'hôtel tout à l'heure pour n'y plus revenir !...

YVONNE.

Ah ! mon Dieu ! seule !.. toute seule !... Je ne pourrai voir personne !...

URSULE.

Il y a ordre, en effet, de ne laisser entrer qui que ce soit chez mademoiselle !...

YVONNE, *se levant*.

Eh bien! toi, alors !... Ursule, tu m'aimes ? n'est-ce pas ?... J'ai toujours été bonne pour toi !...

URSULE.

Mademoiselle !...

YVONNE.

Prends cette lettre en secret, et fais qu'elle arrive à son adresse, je t'en aurai une reconnaissance éternelle. Ursule !... ma bonne Ursule, ne me refuse pas !

URSULE.

J'aime mieux dire tout de suite à mademoiselle que je ne prendrai cette lettre que pour la donner à madame !

YVONNE, *désespérée*.

Ah ! tous contre moi ! ..

* Ursule, Yvonne.

URSULE.

Si mademoiselle veut qu'on la serve ?

YVONNE.

Ah Dieu ! Je n'ai pas faim ! Laissez-moi, sortez !

URSULE.

Mademoiselle sonnera !

Elle sort par la gauche.

SCÈNE IX

YVONNE, puis ROBERT.

YVONNE, seule, tombant assise.

Ah ! c'est fini ! Je suis perdue !...

ROBERT, sur le seuil de la porte du jardin, à demi-voix.*

Pas encore !

YVONNE, effrayée, debout.

Ah !

ROBERT, repoussant les deux battants de la porte.

Plus bas, mademoiselle, de grâce !

YVONNE, le reconnaissant.

Vous !... ici... monsieur !...

ROBERT.

J'ai trouvé ouverte la petite porte du jardin qui donne sur la rue, et... en deux pas !...

YVONNE.

Si c'est ma mère que vous désirez voir, monsieur ?...

ROBERT, l'interrompant.

Non, mademoiselle, ce n'est pas à madame votre mère que j'en ai... c'est à vous !...

* Yvonne, Robert.

YVONNE.

A moi ?

ROBERT.

Les moments sont précieux, mademoiselle... je pourrais vous donner à penser que le hasard seul nous met en présence... mais vous ne le croiriez pas, et vous auriez bien raison... Je suis ici volontairement, et j'y suis parce que je vous aime !

YVONNE.

Monsieur !

ROBERT.

Ne craignez rien ; on dîne !... et nous sommes aussi seuls qu'on peut l'être.

YVONNE.

Et de quel droit ?

ROBERT, de même.

Pardon! j'achève !... Le valet intelligent qui m'a ouvert cette grille m'a dit la nouvelle qui court toute la maison! Vous rentrez ce soir au couvent...

YVONNE.

Après, monsieur ?...

ROBERT.

Après , mademoiselle ?... Mais on vous fait violence, je le sais ; et j'accours à votre aide, en vrai gentilhomme !...

YVONNE.

Pardon, monsieur, vous êtes gentilhomme?

ROBERT, surpris.

Oui, mademoiselle !

YVONNE.

Et vous avez une sœur, m'avez-vous dit ?

ROBERT.

Oui, mademoiselle...

YVONNE.

Si un homme osait tenir à mademoiselle votre sœur le lan-

gage que vous vous permettez avec moi, que feriez-vous à
cet homme-là ?

ROBERT, interdit.

Mais, mademoiselle...

YVONNE.

Eh bien ! moi, monsieur... je n'ai pas de frère... je me
fais justice moi-même !... Ma mère vous a congédié , moi je
vous chasse !... Veuillez sortir !

ROBERT.

Mademoiselle, permettez-moi de m'étonner un peu de l'accueil que vous faites...

YVONNE.

A vos insolences !

ROBERT.

Le mot est dur !... On n'est pas insolent pour vous
aimer !...

YVONNE.

Encore !...

ROBERT, soulignant ses mots.

Ni même pour vous observer le soir dans les rues quand
vous jetez à la poste certaines lettres qui ne s'adressent pas
à moi, malheureusement.

YVONNE, qui s'est arrêtée au moment de sonner, redescendant.

Ah ! c'est donc cela ?

ROBERT, cavalièrement.

Qui m'a fait espérer...

YVONNE.

Quoi donc?

ROBERT, regardant fixement, commençant d'un air dégagé et intimidé
peu à peu par le regard ferme et franc d'Yvonne.

Que vous pourriez accueillir l'offre d'un cœur... et... dans
cette pensée... (Intimidé de plus en plus, balbutiant.) j'ai...

YVONNE.

Vous avez ?...

8

ROBERT, balbutiant.

J'ai cru !... je me suis permis... et pourtant. (Changeant de ton et avec beaucoup de cœur.) Mademoiselle !... je me suis trompé !... je vous en demande humblement pardon !...

YVONNE, lui tendant la lettre.

Voici une lettre, monsieur, que j'adressais à la même personne... veuillez lire...

ROBERT, regardant l'adresse.

Montignac! mon oncle !

YVONNE.

Votre oncle !

ROBERT.

Mais oui !... arrivé de ce matin !

YVONNE.

C'est bien lui

ROBERT, lisant les premiers mots.

Il est votre parrain !... et c'est à lui ?... Ah! mademoiselle !... je suis bien coupable !... (Mouvement d'Yvonne.) Oh ! je vous en prie, je sens que vous me méprisez ! et je ne le mérite pas, vrai ! je ne suis pas si mauvais qu'il semble, et il y a bien des sentiments d'honneur et de vertu dans ce cœur malade !... Je vous en prie, daignez abaisser votre main vers moi, en signe de pardon, ce sera une charité bien placée ! je vous le jure !

YVONNE, lui tendant la main.

Eh bien, adieu, monsieur !...

ROBERT, avec chaleur.

Oh ! merci de toute mon âme ! (Résolûment et avec chaleur.) Mais pas adieu !... ne croyez pas que je m'en irai comme ça !

YVONNE, saisie.

Ah !

ROBERT.

Oh! non! par exemple!... Vous appelez mon oncle à votre aide !... Il n'y est pas; mais j'y suis, moi; je prends sa place. je vous mène à lui, et une fois sous sa garde...

* Robert, Yvonne.

YVONNE.

Quitter la maison paternelle! — Je ne ferai pas cela! Pour une lettre écrite en secret, j'ai eu trop à rougir... deux fois aujourd'hui! Je ne commettrai pas une action plus blâmable encore... je ne sortirai pas!...

Elle s'assied sur le canapé.

ROBERT.

Ah! voyez!... ils sont encore à table... vous ne retrouverez jamais cette occasion perdue!... trois pas, et je vous sauve!

YVONNE.

Non! retirez-vous!...

ROBERT.

Mais, malheureuse enfant!... (Pardon!... mais vous me rendez fou!) mais pensez-y donc! tout à l'heure, dans cinq minutes, on viendra vous prendre... Et la voiture où vous monterez, vous savez où celle-là vous mène!... au couvent!

YVONNE, se détournant pour ne pas l'entendre.

Laissez moi! allez-vous en!

ROBERT.

Non pas un couvent, mais une prison! non pas une prison! mais un tombeau!

YVONNE.

Oh! c'est affreux de me dire cela!

ROBERT.

Et nous aurons beau, mon oncle et moi, vous réclamer à cette tombe!... on ne vous trouvera pas!... vous appellerez à l'aide, et nous n'entendrons pas vos cris!

YVONNE.

Je le sais!...

ROBERT.

Eh bien! alors?

YVONNE, se levant.

Eh bien! on m'enfermera, je souffrirai, je mourrai!... mais

je pourrai me dire : je souffre parce que je n'ai pas mal
agi!... et je meurs, parce que j'ai fait mon devoir!...

ROBERT, hors de lui.

Et moi, je ferai le mien! et je ne vous laisserai pas vous
perdre par des scrupules insensés!

YVONNE.

Encore!

ROBERT.

Et je vous sauverai malgré vous, ou je serais le plus stu-
pide des hommes et le plus lâche des amants!

Il cherche à l'entraîner.

YVONNE, avec un petit cri de pudeur effarouchée.

Ah!

ROBERT.

Ah! venez, Yvonne! douce et chère enfant! venez où je
vous mène!... Yvonne! ma femme!

YVONNE.

Ah! mon Dieu!

ROBERT, tendrement, même jeu et la grisant de ses paroles.

Venez!... mon oncle, votre parrain vous attend... nous, ses
deux enfants!

YVONNE d'une voix faible.

Ah! mon Dieu! à mon aide!

ROBERT.

C'est le bonheur! c'est la vie! c'est l'amour!

YVONNE, se dégageant tout à coup et courant à la porte de droite.

Ah! ma mère! ma mère! à moi!!

Elle tombe assise au fond.

ROBERT, désespéré.

Ah! malheureuse qui se perd!

SCÈNE X

Les Mêmes, LE BARON, SÉRAPHINE, CHAPE-
LARD *.

SÉRAPHINE, entrant vivement.

Qu'est-ce donc? (Apercevant Robert.) Ah! ici?

LE BARON.

Chez ma fille!

CHAPELARD.

Oh! oh! c'est gros!...

LE BARON, furieux, à Robert.

Si je vous tuais sur place, vous?...

YVONNE, effrayée, s'élançant **.

Oh! mon père!... ce n'est pas sa faute!... c'est la mienne!

LE BARON.

C'est toi?

YVONNE, ne sachant plus ce qu'elle dit.

Oui! c'est moi qui l'ai fait venir!...

ROBERT, vivement.

C'est faux, monsieur le baron! ne croyez pas cela! je vous
jure que je suis venu de moi-même! je vous le jure sur
l'honneur!

YVONNE, à elle-même, épouvantée.

Ah! mon Dieu!... si j'avais su!...

Elle retombe sur le canapé.

LE BARON, à Robert.

Je le crois!... puisqu'aussi bien elle nous appelait!...
Mais êtes-vous moins digne de ma colère?... et croyez-
vous?...

* Robert, Séraphine, Yvonne, le baron. Chapelard.
** Robert, Séraphine, Yvonne, le baron, Chapelard.

SÉRAPHINE, l'arrêtant tranquillement.

Allons! baron...

LE BARON.

Plaît-il?

SÉRAPHINE.

Voulez-vous apprendre à tous vos gens!...

LE BARON.

Eh! que m'importe!

CHAPELARD, l'arrêtant.

Pas de scandale, baron! Tout ce qu'on veut!... mais, jamais! jamais de scandale!

Il remonte.

SÉRAPHINE, à Robert, froidement.

Vous êtes entré, monsieur?

ROBERT.

Par la grille du jardin, madame, que j'ai dû ouvrir!

Le baron remonte.

SÉRAPHINE.

Eh bien! sortez par où vous êtes venu, monsieur!... Ma fille n'aura plus désormais à redouter vos visites!... car elle part à l'instant pour le couvent!

ROBERT, résolûment.**

Oh! monsieur le baron!...

LE BARON.

Hein?

ROBERT.

Ah! c'est vous que je parle respectueusement! humblement!... je vous en conjure!... vous êtes un homme raisonnable! ne laissez pas faire cela!

SÉRAPHINE.

Plaît-il?

ROBERT.

Madame la baronne, je suis jeune, je suis noble! j'aime

* Robert, Séraphine, le baron, Chapelard, Yvonne.
** Robert, le baron, Séraphine, Yvonne, Chapelard.

votre fille !... Donnez-la moi pour femme... je serai un digne mari pour elle, je vous le jure ! un bon fils pour vous!
Ah! donnez-la moi, je vous la demande à deux genoux !

SÉRAPHINE.

Voici de l'audace !

ROBERT.

Dites de l'amour, madame, et du vrai !

LE BARON hésitant et regardant sa femme.

Mais au fait !... si !...

SÉRAPHINE.

Baron... (A Robert) Je vous invite à sortir, monsieur, pour
la troisième fois d'aujourd'hui...

ROBERT.

Ah ! madame, vous êtes implacable ! * (Exaspéré.) Eh bien !
oui, je sortirai... soit! mais ne me croyez pas vaincu pour cela!
Mademoiselle, une parole de vous a fait de moi un autre
homme, et je le prouverai !... laissez-moi vous défendre !...
Madame la baronne, j'aime votre fille ! je l'aime!... entendez-
vous! Et je la sauverai malgré vous ! je vous l'arracherai !...
Je le ferai !... je le ferai comme je le dis !

Il sort par le fond.

SCÈNE XI

SÉRAPHINE, YVONNE, LE BARON, CHAPELARD,
URSULE, DOMINIQUE.

SÉRAPHINE, au baron. **

Et vous écoutez cela... vous !.. tranquillement!

LE BARON.

Ah ! pardon, vous m'avez...

* Le baron, Robert, Séraphine, Yvonne, Chapelard.
** Le baron, Séraphine, Yvonne, Chapelard.

SÉRAPHINE.

Eh ! tout à l'heure !... Mais à présent !...

LE BARON.

Eh bien ! à présent, il me plaît, moi, ce garçon !! Il est sincère, il est jeune, il est chaud !... j'aime ça, moi, ça me change !

SÉRAPHINE.

Vous dites?

LE BARON.

Je ne dis rien! parce que c'est vous! mais si c'était un autre!

SÉRAPHINE, à Yvonne.

Et vous qui osez!

YVONNE, se levant, vivement et dignement.

Ma mère, vous n'avez rien à me reprocher!... J'ai fait mon devoir! je vous ai appelée!... Maintenant, décidez de moi ce qu'il vous plaira! je suis prête!...

SÉRAPHINE.

Vous avez raison... (A Dominique qui entre du fond.) La voiture!.. vite!

DOMINIQUE.

Madame, c'est qu'on ne trouve pas le cocher!

SÉRAPHINE.

Comment?

DOMINIQUE.

Non, madame, il est sorti et n'est pas rentré!

SÉRAPHINE.

Eh bien, la première voiture venue, vite!... (Dominique sort. A Ursule qui lui apporte son chapeau.) Dites à Agathe que je l'emmène!

URSULE.

Madame de Plantrôse n'est pas chez elle.

SÉRAPHINE.

Où est-elle?

URSULE.

Je ne sais, madame : elle vient de quitter la maison brusquement.

SÉRAPHINE.

Allons! ce n'est pas possible! (A Chapelard.) Montez en voiture avec Yvonne, mon ami! Je vous rejoins!

Elle sort vivement par la droite.

SCÈNE XII

LE BARON, YVONNE, CHAPELARD.*

CHAPELARD.

Allons, mademoiselle.

YVONNE.

Adieu, mon père.

LE BARON, ému, l'embrassant.

Non, mon enfant!... Au revoir!...

CHAPELARD.

Allons, ma mignonne, courage!

LE BARON.

Oui... va, chère enfant, va... mon bon petit cœur... au revoir!...

YVONNE, tristement.**

Non! — Adieu!

LE BARON.

Mais non!... Sois donc tranquille : je vais arranger ça!

Yvonne sort à gauche, emmenée par Chapelard.

SCÈNE XIII

SÉRAPHINE, LE BARON.

LE BARON, à Séraphine, qui rentre vivement.

Eh bien! Agathe?

* Yvonne, le baron, Chapelard.
** Chapelard, Yvonne, le baron.

SÉRAPHINE.

Partie !...

LE BARON.

Pour aller ?

SÉRAPHINE.

Je ne sais ! — Mais si je pensais qu'elle eût le front d'aller chez son mari !...

LE BARON.

Pourtant !... permettez !...

SÉRAPHINE.

Votre chapeau, baron, et courez à la rue Lepelletier !

LE BARON.

Que je...? Eh! mille tonnerres! laissez-les donc tranquiiles !. .

SCÈNE XIV

LES MÊMES, CHAPELARD.

CHAPELARD, effaré et criant .

Baronne !... à l'aide !... au secours !

LE BARON, SÉRAPHINE.

Chapelard !

CHAPELARD.

Courons ! Donnez-moi un fauteuil ! ..*

SÉRAPHINE.

Yvonne ?...

CHAPELARD.

Enlevée !

LE BARON.

Enlevée !

* Le baron, Chapelard, Séraphine.

CHAPELARD.

A ma barbe !... La voiture !... J'ai reçu la portière dans l'estomac !...

Il reste dans le fauteuil, anéanti.

LE BARON.

C'est ce jeune homme !... Oh ! le brigand !... Je le rattraperai !...

Il sort vivement par la gauche.

SÉRAPHINE, mettant fiévreusement son chapeau.

Non. Ce n'est pas lui ! c'est l'autre !... j'en suis sûre !... Ah ! le misérable ! il me vole ma fille !... à présent ! Ah ! nous allons bien voir !...

Elle sort par le fond.

FIN DU TROISIÈME ACTE

ACTE QUATRIÈME.

A Auteuil, chez Montignac. Salon un peu sombre. — A droite, porte d'appartement. Au fond, cheminée entre deux portes ouvertes sur le jardin et perron. A gauche, un secrétaire au 1er plan; au 2e plan, porte de couloir. Chaises, fauteuil et table au milieu. Petit canapé près de la table à gauche.

SCÈNE PREMIÈRE

MONTIGNAC. Il range des papiers, AMBROISE.*

MONTIGNAC, assis sur le canapé.

Les chevaux sont commandés ?

AMBROISE.

Ils seront ici, monsieur, à trois heures du matin !

MONTIGNAC.

Les relais, assurés ?

AMBROISE.

Par dépêche, oui, monsieur.

MONTIGNAC.

La chaise est solide, confortable ?

AMBROISE.

Parfaite, monsieur... j'ai tout vérifié !..

MONTIGNAC.

Tu n'a pas oublié, mon vieil Ambroise, ce que je t'ai dit !... couvertures, pelisses, manteaux de femme !

AMBROISE.

Tout est prêt, monsieur !

* Ambroise, Montignac.

MONTIGNAC.

Très-bien !... Alors, fais ma valise !... et mon sac de voyage !

AMBROISE.

Si monsieur a des papiers à emporter ?

MONTIGNAC.

Mais je crois bien. Tout ceci ! ces lettres. Ne fais pas trop de bruit ! je crois qu'elle dort !

AMBROISE.

Oh ! monsieur, dans la seconde chambre il est impossible qu'elle entende rien de ce qui se dit, de ce qui se fait ici.

MONTIGNAC

Est-ce qu'elle t'a reconnu ?

AMBROISE avec joie.

Oui, tout de suite, monsieur ! c'est étonnant !... Elle s'est écriée : Ah ! c'est mon bon Ambroise !... Il faut dire aussi, qu'elle m'avait vu si souvent, toute petite !

MONTIGNAC.

Elle est un peu grandie, hein ?

AMBROISE.

Oh ! oui, et jolie !

MONTIGNAC.

Ah ! tu trouves, n'est-ce pas ?

AMBROISE.

Oh ! oui, monsieur !... elle est joliment jolie !

MONTIGNAC.

Va ! mon bon Ambroise, va ! (Seul : il prend des papiers dans le secrétaire, brûle et classe.) Ceci, bon à brûler ! ça aussi !... Où ai-je mis?... (Prenant un paquet de lettres.) Ah ! les lettres d'Yvonne !... toutes ses lettres, depuis la première !... Elle avait six ans !... pauvre bébé !... (Regardant les lettres avec amour.) Toute sa vie de petite fille est là... son bavardage... ses joies d'enfant !... puis, peu à peu, cela s'attriste... et à la fin, il n'y a plus que plaintes et chagrins... elle m'écrit, et elle pleure... (Baisant les lettres.) Chères reliques, je vous garde sur mon cœur ! nous vous relirons en route, avec elle ! (Il

les serre dans la poche intérieure de sa redingote et prend dans le secrétaire un autre paquet de lettres.) Celles-ci, jaunes et pâlies! c'est la
mère!... Séraphine autrefois! Séraphine amoureuse et jalouse! Ah! que d'amour là-dedans, que de passion!... Et
pour en venir où nous en sommes!... Bonnes armes à gar-
der, celles-là!... mes seules preuves!...

AMBROISE, qui est rentré de la gauche *.

Si monsieur veut me donner...

MONTIGNAC.

Prends cela seulement. (Il lui montre les autres papiers qui sont
sur la table.) Je puis avoir besoin de ceci, cette nuit même!...
Gardons-les sur nous! avec les lettres d'Yvonne?... Pourquoi pas?... l'enfant et la mère. (Il lie les deux paquets en un
seul.) Voilà tout le dossier de ma vie!... (Il les serre dans la
poche de sa redingote.) Ambroise!...

AMBROISE.

Monsieur!

MONTIGNAC.

En allant et venant, tu n'as remarqué personne dans la
rue?

AMBROISE.

Non, monsieur.

MONTIGNAC.

Tu en es bien sûr?

AMBROISE.

Oh! monsieur, les rues d'Auteuil ne sont pas si grandes;
celle-ci surtout qui est une véritable ruelle entre des jardins.

MONTIGNAC.

Chut!... Le chien aboie.

AMBROISE.

Oui, monsieur! on sonne à la grille.

MONTIGNAC.

Prends ta lanterne, et va! — Tu te rappelles bien les
deux seules personnes que je reçois?

---

* Ambroise, Montignac.

AMBROISE.

Oui ! monsieur. M. Robert et M. de Plantrôse !

Il sort par le fond à gauche.

MONTIGNAC, regardant l'heure.

Et minuit seulement ! trois heures à attendre ! ah ! c'est long ! — Pourvu qu'elle dorme encore ! (Il écoute.) Elle ne bouge pas !... La porte est fermée !...

AMBROISE, annonçant

M. de Plantrôse * !

SCÈNE II

MONTIGNAC, PLANTROSE**.

MONTIGNAC.

Qu'il entre, mon bon Olivier ! qu'il entre !

PLANTROSE.

Ah ! mon cher Montignac !... s'embrasse-t-on ? Bah ! on s'embrasse !... Ah ! que je suis heureux de te voir !

MONTIGNAC.

Et moi donc ! Merci d'être venu !

PLANTROSE.

Par exemple ! Je serais aller te serrer la main au Sénégal !

MONTIGNAC.

Oui ! au Sénégal, mais à Auteuil, à minuit !... rue de la Source !

PLANTROSE.

Qui n'est pas gaie !... Saprelotte !... Un vrai coupe-gorge ! Pourquoi diable es-tu descendu ici ?

MONTIGNAC.

Attends ! — Laisse nous, Ambroise.

* Ambroise, Plantrôse, Montignac.
** Ambroise, Montignac, Plantrôse.

AMBROISE.

Monsieur, ces papiers à emballer ?

MONTIGNAC.

Plus tard !... ferme la porte ! Et surtout pas de bruit sous ses fenêtres.

AMBROISE.

Oui, monsieur. (Il sort.)

PLANTROSE.

Tu as quelqu'un ?

MONTIGNAC.

Qui dort là bas, oui ; mais ici, les portes closes, nous pouvons causer à l'aise et fumer. (Il lui montre des cigares dans une boîte.) Tu fumes toujours ?

PLANTROSE, prenant.

Toujours !

MONTIGNAC, s'asseyant sur le canapé.

Cette maison où tu t'étonnes de me voir appartenait à mon père. Je ne l'ai jamais habitée. Pour mes rares séjours à Paris, autrefois, Auteuil était trop loin du boulevard de Gand ; mais c'est isolé, mystérieux ! Des jardins tout autour !... En ce temps-là, je l'ai conservée par commodité ; aujourd'hui je le fais !...

PLANTROSE, assis en face de lui et allumant son cigare.

Par reconnaissance ; très-bien ! souvenirs tendres.

MONTIGNAC.

Mais toi-même, où loges-tu ? Ambroise a eu bien du mal à te trouver !

PLANTROSE.

Oh ! mon ami, moi !... C'est tout une histoire ! Tu vois un homme radieux !... — Pour la première fois, depuis mon mariage... je viens d'embrasser ma femme ! mais là !... comme je le comprends !

MONTIGNAC!

Ah bah !

PLANTROSE.

Une perle! une perle! mon ami, que cette enfant-là!...
Quand maman n'y est pas!

MONTIGNAC.

Ah! Séraphine...

PLANTROSE.

Ne parlons pas de Séraphine! (Le regardant en lui montrant les
dents.) Ne me parle pas de Séraphine!

MONTIGNAC.

Ah! ah!

PLANTROSE.

Ah! mon ami, vois-tu, les dévots...

MONTIGNAC.

Pardon, les mauvais; mais les bons!

PLANTROSE.

Où ça, les bons? montre-m'en un...

MONTIGNAC, souriant et sans emphase.

Moi.

PLANTROSE.

Toi

MONTIGNAC, debout, de même.

Et le plus sincère... et le plus fervent de tous.

PLANTROSE.

Un grand diable comme toi, avec de la barbe, un marin!

MONTIGNAC.

Eh bien! justement, ne cherche pas d'incrédules parmi
nous, mon ami, le marin croit, il pratique, il s'en fait gloire;
oui, nous sommes pieux, et plus que cela, dévots! Oui, un
grand diable comme moi fait sa prière à l'heure du combat
et sa prière au plus fort de la tempête! Et cela ne l'empêche
pas de faire aussi bravement son devoir de soldat!... au
contraire!

PLANTROSE.

Je ne te chicanerai pas là-dessus. Conviction d'honnête homme et bonne piété, je m'incline. Accorde-moi seulement que Séraphine a une dévotion à elle.,.

MONTIGNAC.

Oh! cela!...

PLANTROSE.

Et que son ménage... et surtout le mien...

MONTIGNAC.

D'accord !...

PLANTROSE.

Mon ami, un enfer! Je devenais idiot!... j'ai joué le tout pour le tout! j'ai fait tantôt mes petits paquets, j'ai dit à madame de Plantrose : « Ma chère enfant, je vais loger rue Lepelletier, sur le même palier qu'une cocotte ! »

MONTIGNAC.

Ah !

PLANTROSE.

Un résultat, mon ami !... A cinq heures, je m'arrachais aux tendres épanchements de ma belle-mère ! A six heures, j'étais installé dans mon nouveau domicile !... A huit ! j'allais prendre mon chapeau pour dîner au café Anglais. On sonne !... j'ouvre !... C'est une femme voilée, palpitante, qui tombe dans mes bras, et, vérification faite ! c'est Agathe !

MONTIGNAC.

A la bonne heure!

PLANTROSE.

Je l'ai tenue là, mon ami, pendant cinq minutes, savourant le charme de ce groupe inconnu dans mon ménage ! Mets-toi bien à ma place, mon bon Montignac ! Ma femme à moi, chez moi ! et sans ma belle-mère !... Non ! ce sont là de ces choses que la langue est impuissante à exprimer ! J'ai retrouvé mes vingt ans ; j'ai fait le galopin ! je lui ai tiré les brides de son chapeau et j'ai jeté le chapeau sous le canapé ; je lui ai délacé ses bottines, je lui ai chaussé des pantoufles trop larges !... j'ai couru acheter du pain, du vin, des oranges, des biscuits, le dîner le plus insensé ! mais j'étais fou, je riais, je chantais ; nous avons mis le couvert nous-mêmes, comme un étudiant qui reçoit sa grisette ! Elle était émue ; elle pleurait, elle lâchait son assiette pour m'embrasser... Et je lui essuyais les yeux avec ma serviette !... Des choses délicieuses ! tu sais !... le premier rendez-vous !... la femme audacieuse et craintive !... l'œil brillant !... les mains brûlantes. Quel dîner ! Et que nous étions donc loin, quand la pauvre mignonne s'est écriée : « Ah ! Dieu ! si maman nous voyait !..» Mais cette fois-là, ma foi, ça venait si drôlement !

MONTIGNAC.

Mais va-t'en ! sauve-toi ! heureux homme, va la retrouver !

PLANTROSE.

En bas ?

MONTIGNAC.

En bas ?

PLANTROSE.

Mais elle est là, dans la voiture ! Est-ce que nous nous quittons maintenant ?

MONTIGNAC.

Mais elle te sait chez moi ?

PLANTROSE.

Oui ! cela te fâche ?

MONTIGNAC.

Non, aussi bien, après ce que tu viens de me dire ! je n'ai plus à craindre d'indiscrétions. Pardonne-moi seulement de ne pas la faire monter !... Tu le comprendras, quand tu sauras pourquoi je pars.

PLANTROSE.

Comment ! tu pars ?

MONTIGNAC.

Cette nuit !

PLANTROSE.

Comme ça ? Mais c'est vrai ! triple nigaud ! je suis là à te conter mes petites affaires, qui n'ont aucun rapport avec les tiennes !

MONTIGNAC.

Au contraire !... Tu déménages à cause de Séraphine, et c'est à cause de Séraphine que je pars cette nuit !

PLANTROSE.

Ah bah !

MONTIGNAC.

Tu n'as pas oublié qu'Yvonne est ma filleule ?

PLANTROSE.

C'est vrai !... pauvre petite, et tu lui manques !...

MONTIGNAC.

Eh bien ! je ne suis pas marié... je n'ai pas d'enfant ; et tu comprends que j'aie pour elle toute l'affection d'un père. La mère est jalouse !... Elle sent, elle sait que je ne laisserai pas enterrer Yvonne toute vive dans un cloître, et...

PLANTROSE.

Et tu veux l'empêcher !...

MONTIGNAC.

Parbleu !

PLANTROSE.

Ah ! si c'est pour t'aider à cela que que tu m'as fait venir ! Ah ! saprelotte ! En avant ! marche !... Par où passe-t-on ?

MONTIGNAC ; on entend Robert dehors.

J'étais sûr de toi ! Mais chut ! voici quelqu'un que j'attends aussi !

PLANTROSE.

Qui ça ?

MONTIGNAC.

Robert.

PLANTROSE.

Ton neveu ?

MONTIGNAC.

Oui, je l'ai vu tantôt, en courant, et je lui ai donné rendez-vous ce soir.

AMBROISE, annonçant.

Monsieur Robert !

SCÈNE III

MONTIGNAC, PLANTROSE, ROBERT *.

MONTIGNAC.

Allons donc, garnement ! je t'attendais à dîner !

ROBERT.

Ah ! mon oncle ! mon cher oncle ! pardonnez-moi ! mais ce qui arrive !... je n'ai plus la tête à moi !... je suis fou !...

PLANTROSE.

Quoi donc ?

ROBERT.

Yvonne est enlevée !

PLANTROSE.

Eh non ! il confond ! tu confonds !... C'est Agathe !

ROBERT.

Je vous dis Yvonne ! Je n'ai pris que le temps de venir vous chercher à bride abattue. Mon cher oncle ! c'est votre filleule, vous l'aimez, elle vous aime !... je l'adore !... sauvons-la !

PLANTROSE.

Mais voyons, ce n'est pas possible !

---

* Robert, Montignac, Plantrôse.

MONTIGNAC.

Si fait, c'est exact !

ROBERT.

Vous le savez déjà?

MONTIGNAC.

Elle est ici!...

PLANTROSE.

C'est toi !

ROBERT.

Vous! Et elle est ici!... Ah! mon oncle! ô grand homme d'oncle !

Il lui saute au cou.

MONTIGNAC.

Ah bien ! eh bien !

ROBERT.

Ah! que c'est donc bien joué! Ah! laissez-moi vous embrasser encore !

MONTIGNAC, l'arrêtant.

Décidément, tu es amoureux d'elle, toi ?

ROBERT.

Comme un perdu!

MONTIGNAC.

Tu ne m'en as rien dit tantôt?

ROBERT.

Tantôt, pas encore, mon oncle, j'avais d'autres idées!... C'est plus récent... mais, maintenant, ça y est, et je vous réponds que ça tient bien !

MONTIGNAC.

Nous en recauserons, mais pour le moment...

PLANTROSE.

Oui, voyons ! laisse-nous, toi, gamin ! (A Montignac.) Mais c'est affreusement grave, sais-tu? cette affaire-là !

MONTIGNAC.

Je le sais bien !

PLANTROSE.

Mais, comment as-tu fait ?

MONTIGNAC.

Sans le prévoir... En quittant cette après-midi Séraphine, j'étais fixé sur ses intentions !... brusquer le départ de ma pauvre enfant et la cloîtrer sous quatre murs infranchissables. Mais je pensais bien qu'elle n'agirait qu'à la nuit... Je laisse Ambroise surveiller les abords de l'hôtel, et je cours au ministère où je passe toute la fin du jour. A cinq heures, je recevais un ordre de départ !... Plus de temps à perdre !... Je fais atteler chez Brion une excellente voiture à deux chevaux, et je cours rue Cassette, où je sais par Ambroise qu'il n'y a rien de nouveau. Je me poste en observation, dans ma voiture, à deux pas de la maison, et j'attends !

ROBERT.

Bon.

MONTIGNAC.

La nuit vient ! Le cocher de l'hôtel aide le concierge à fermer la grande porte, puis traverse la rue pour entrer dans un café voisin. Une idée subite !... Je dis à Ambroise : « Suis-le, grise-le et à tout prix retiens-le dans ce café. » Ambroise me quitte. Une demi-heure s'écoule. Des lumières vont, viennent, tout indique le départ !... Un valet de chambre paraît sur le pas de la porte, cherche dans la rue... avise ma voiture et crie : « Cocher, êtes-vous libre ?— Oui, répond mon homme qui avait sa consigne. — Alors, avancez !...» Nous avançons ; mon cœur battait à se rompre. Blotti dans l'ombre de la voiture, je guette !... Chapelard paraît avec Yvonne. On ouvre... Yvonne monte la première. Je tire la portière ! La voiture part comme une flèche, et la chère enfant épouvantée n'a pas eu le temps de pousser un cri, que je la serre déjà dans mes bras en lui disant : « Mais ne crie donc pas, mignonne, c'est moi !... c'est moi ! »

ROBERT, enthousiasmé *.

Est-ce bien exécuté, hein ?

PLANTROSE.

Bien taillé ! mais il faut coudre.

MONTIGNAC.

Mais je couds. Sois tranquille.

PLANTROSE.

Et que vas-tu faire ?

MONTIGNAC.

Monter en chaise de poste, à trois heures, et emmener Yvonne !

PLANTROSE.

A Cherbourg ?

MONTIGNAC.

A Cherbourg !

ROBERT.

Et après?

MONTIGNAC.

Je l'embarque !

PLANTROSE.

Mais tu n'y penses pas !

MONTIGNAC.

Je n'y pense plus ! c'est décidé !

PLANTROSE.

Voyons ! voyons ! voyons ! Ne nous montons pas la tête, c'est un enlèvement de mineure.

MONTIGNAC, très-résolu.

Je m'en expliquerai ! — D'ailleurs, on ne sait rien ! Le cocher de la baronne ne m'a pas vu, l'autre est bien loin. Tandis qu'on cherche et qu'on s'égare, j'évite le chemin de fer. En

* Robert. Plantrôse, Montignac.

chaise de poste, je vais à ma guise, je gagne par des traverses un port quelconque, d'où je rejoins mon escadre en bateau!... Et une fois sur mon navire où je suis roi....

ROBERT.

Ah! quelle génération! Nous ne sommes plus de cette force-là! C'est sublime!

PLANTROSE.

C'est fou!

MONTIGNAC.

Pourquoi?

PLANTROSE.

O mes amis! mes chers amis! Mais vous avez complétement perdu la tête! mais vous faites là de l'affaire Lecoq! mais ça ne se passe pas comme ça dans la nature; mais il y a un préfet de police, dans la nature; mais il y a des agents, des procureurs impériaux, des gendarmes!... Mais on n'enlève pas comme ça les demoiselles!

ROBERT.

Bah! depuis quelque temps on ne fait que ça!

PLANTROSE.

Je ne te parle pas à toi, galopin!... je parle à monsieur ton oncle qui est un homme raisonnable. Va-t'en!... (Il éloigne Robert qui se met à chercher au fond pour voir s'il apercevra Yvonne.) Amiral, mon ami, rassemble tes esprits!... la police va venir, n'en doute pas!

MONTIGNAC.

Ici! pourquoi? En admettant qu'on me soupçonne: personne ne connaît cette maison que Robert et toi.

PLANTROSE, s'assurant que Robert n'entend pas, et à demi-voix.

Pas même Séraphine?

MONTIGNAC.

Pourquoi cette question?

PLANTROSE.

Ah! c'est qu'il me vient des idées d'une fantaisie! je te

connais si raisonnable qu'en te voyant commettre cette folie d'amoureux romantique, je me demande si c'est bien pour sa filleule seulement qu'on risque un pareil coup d'État.

MONTIGNAC.

Olivier !

PLANTROSE.

Ah ! pardon ! je ne te demande rien ! — Avoue seulement que Séraphine connaît un peu la maison !

Robert disparaît au fond.

MONTIGNAC.

Et quand ce serait ?

PLANTROSE.

Elle la connaît ?

MONTIGNAC.

Mais non, je ne dis pas !

PLANTROSE.

Et il est le parrain !... Saints archanges ! j'entrevois des abîmes !... Séraphine !... ma belle-mère !...

MONTIGNAC.

'Tais-toi !

PLANTROSE.

Ah ! ça y est. J'aurais dû m'en douter : elle était trop mauvaise pour les autres !

MONTIGNAC.

Veux-tu te taire !

PLANTROSE.

Oh ! si j'avais su cela plus tôt : Dieu des batailles !

MONTIGNAC.

Mais tais-toi donc, malheureux ! Robert...

PLANTROSE.

Je me tais; seulement tu es perdu, elle va venir !

MONTIGNAC.

J'en suis sûr !

PLANTROSE.

Mais alors sauve-toi!... n'importe où !

MONTIGNAC.

Au contraire, je l'attends de pied ferme. Il vaut mieux voir l'ennemi en face !

PLANTROSE.

Flanqué d'agents de police !

MONTIGNAC.

Oh ! que non. Elle viendra seule !... elle sait trop bien que j'ai ici de quoi la réduire à l'impuissance !

Il montre la poche où sont les lettres.

PLANTROSE.

Ses lettres !... tu te servirais !...

MONTIGNAC.

Pour sauver ma fille que l'on martyrise !

PLANTROSE.

Ah ! ma foi, tu as raison... et j'en ferais autant. Enlève ! tu es dans ton droit, saprelotte ! ta fille...

MONTIGNAC, voyant Robert qui redescend*.

Robert !

PLANTROSE, achevant.

...eule !... mon ami, ta filleule ! (A Robert.) Il enlève sa filleule !...

ROBERT, redescendu, câlinant son oncle.

Mon oncle, est-ce que vous n'allez pas me la faire voir un peu?

MONTIGNAC, l'attirant à lui et le regardant dans le blanc des yeux.

Tu l'aimes donc, bien vrai ?

ROBERT.

Vous en doutez!

* Plantrôse, Montignac, Robert.

MONTIGNAC.

Assez pour quitter ta vie oisive et sotte ?

ROBERT.

Ah Dieu ! avec ivresse !

MONTIGNAC.

Eh bien ! prouve-le... sois à Cherbourg dans trois jours
et pars avec moi ; nous verrons au delà du Tropique.

ROBERT.

Mais je ne l'ai jamais compris autrement, mon oncle !

MONTIGNAC.

Alors, à tes bagages !

ROBERT.

Si je la voyais un tout petit peu avant ?

MONTIGNAC.

A Cherbourg !

ROBERT.

Au moins vous lui parlerez pour moi, en route* ?

MONTIGNAC.

Oui !

ROBERT.

Ah ! quel oncle !.... Allons ! Plantrôse !
Il remonte. Même jeu qu'avant de l'autre côté.

PLANTROSE.

Pardon !... mais moi, à quoi suis-je bon, moi ?

MONTIGNAC.

A me tenir au courant de tout ce qui se passe après mon
départ ! voici mes relais notés et tous mes points d'arrêt...
envoie-moi dépêche sur dépêche ! j'ai tout prévu !... Voici
une clef et des mots convenus pour nous seuls !

PLANTROSE.

Sois tranquille ! Mais... un conseil !... (A demi-voix, touchant

* Robert, Montignac, Plantrôse.

sa rodingote à la place de la poche.) Les lettres !... ne garde pas ça sur toi !

MONTIGNAC.

Pourquoi ?

LANTROSE.

On ne sait pas, elle va venir, enragée. Elle n'aurait qu'à sauter dessus.

MONTIGNAC.

Je te réponds que sur moi!...

PLANTROSE.

Sous clef, te dis-je! Séraphine! ah! mon ami, si comme moi tu sortais d'en prendre!... Des yeux, des mains partout! ne perds pas tes armes!

MONTIGNAC, ouvrant le secrétaire et les serrant dans un tiroir.

Tu as raison!... je les serre, et je ne les reprendrai qu'à l'heure du départ.

PLANTROSE.

Ça ferme bien, çà?

MONTIGNAC.

Oh! regarde.

PLANTROSE.

Bon! allons courage! je ne sais quand nous vous reverrons; mais ta cause est bonne, et de près ou de loin, je suis à toi de cœur et de bras!

MONTIGNAC.

Merci, de toutes les forces de ma vieille amitié.

PLANTROSE, à Robert.

Allons! amoureux, à nos pièces!

ROBERT.

C'est égal! si j'avais pu la voir.

PLANTROSE, l'entraînant.

Plus tard, gourmand, plus tard! et en route!

Ils sortent.

SCÈNE IV

AMBROISE. MONTIGNAC.

MONTIGNAC, seul.

Ambroise, emporte les papiers.

AMBROISE.

Oui, monsieur!

MONTIGNAC.

Elle dort toujours?

AMBROISE.

Je ne sais pas, monsieur. Faut-il voir!

MONTIGNAC.

Non, j'ai toujours le temps de la préparer à ce départ et le plus tard sera le mieux. Laisse-la dormir.

SCÈNE V

MONTIGNAC, YVONNE.

YVONNE, entr'ouvrant la porte de droite.

Mais, parrain, je ne dors pas!

MONTIGNAC.

Déjà réveillée?

YVONNE.

Pas réveillée; je n'ai pas dormi!

MONTIGNAC.

Pourtant, chère enfant, une ou deux heures de bon sommeil...

YVONNE.

N'insiste pas!... ce n'est pas après ce qui m'est arrivé ce soir!

MONTIGNAC.

Cela t'a bien ému, n'est-ce pas?

YVONNE.

Tu penses... partir pour le couvent! et se trouver!... Au fait, où sommes-nous ici?

MONTIGNAC.

Je te l'ai dit! à Auteuil! chez moi!...

YVONNE.

Oui, c'est vrai!... est-ce que nous allons y rester long-temps?

MONTIGNAC.

Mais qu'en penses-tu toi-même?

YVONNE.

Oh! je ne sais pas, je suis si troublée ce soir, avec tout ce qui m'arrive! sais-tu que c'est très-effrayant ce que tu as fait là ?

MONTIGNAC.

T'enlever?

YVONNE.

Oui!

MONTIGNAC.

Tu aurais mieux aimé partir pour le couvent ?

YVONNE.

Oh! non!

MONTIGNAC.

Eh bien! alors?

YVONNE.

Mais enfin... Et mon père! et ma pauvre mère, dans quel état elle doit être! Mets-toi à sa place, c'est affreux cela, de me voir disparaître ainsi!... Est-ce que nous n'allons pas la prévenir?

MONTIGNAC.

Que tu es ici?

YVONNE.

Oui.

MONTIGNAC.

Mais si tu veux retourner au couvent, dis-le !

YVONNE.

Oh ! non!

MONTIGNAC.

Eh bien ! alors ?

YVONNE.

Mais je voudrais tout concilier. — Peut-être que si tu lui écrivais maintenant : Yvonne est chez moi, venez la prendre, mais promettez-moi qu'elle n'ira pas là-bas.

MONTIGNAC.

Elle t'y emmènerait tout de suite.

YVONNE.

C'est possible !

MONTIGNAC.

Pauvre mignonne, va, tu l'aimes bien, ta mère ?

YVONNE.

Dame, oui !

MONTIGNAC.

Elle a été pourtant bien dure pour toi !

YVONNE.

Que veux-tu, elle se trompe ; mais dans une si bonne intention !

MONTIGNAC.

Et cette erreur t'a rendue très-malheureuse : j'ai là des lettres de toi, où tu ne parles pas d'elle comme cela !

YVONNE.

Tu as gardé mes lettres ?

MONTIGNAC.

Toutes.

YVONNE.

Celles du couvent ?

MONTIGNAC.

Et d'avant aussi ! — Depuis la première, un compliment pour ma fête, avec des lettres grandes comme ça.

YVONNE, vivement.

Oh ! fais voir !

MONTIGNAC.

Je ne puis pas ! C'est serré maintenant.

YVONNE.

Nous les relirons ensemble.

MONTIGNAC.

Quand tu voudras ! Et tu verras si les dernières sont aussi tendres pour elle que celle que tu veux lui écrire.

YVONNE.

Je t'ai écrit du mal de maman ?

MONTIGNAC.

Oh ! pauvre chérie, tu n'en es pas capable !... mais tu te plains, tu souffres, tu pleures... et pour qui les lirait, il est clair que ta mère est la seule cause de ce grand chagrin.

YVONNE.

Alors il faut brûler ces lettres-là !

MONTIGNAC.

Les brûler !

YVONNE.

Si elles tombaient entre ses mains !

MONTIGNAC.

Elles n'y tomberont pas.

YVONNE.

N'importe, nous les brûlerons, je t'en prie !... mon petit parrain !... Si elle a eu tort ce n'est pas à moi de le dire, et de l'écrire encore moins.

10

MONTIGNAC.

Soit, mais...

YVONNE.

Elle est malheureuse... elle souffre... elle pleure à son tour... promets-moi que nous les brûlerons !

MONTIGNAC.

Eh bien ! oui, mon ange, quand nous serons en route. .

YVONNE.

En route ? Quelle route ?

MONTIGNAC.

Celle que nous allons prendre.

YVONNE.

Pour aller ?

MONTIGNAC.

Loin du..... couvent.

YVONNE.

Ça c'est bien, mais c'est vague ; spécifions.

MONTIGNAC.

Eh bien ! à Cherbourg.

YVONNE.

Si loin ?

MONTIGNAC.

Et nous partons cette nuit !

YVONNE.

Pour revenir ?

MONTIGNAC.

Le plus tard possible.

YVONNE.

Ah ! Et maman ? ..

MONTIGNAC.

Ah ! maman. toujours maman ! tu es une ingrate !

YVONNE.

Oh! parrain!

MONTIGNAC.

Oh! tu l'aimes mieux que moi, va, c'est visible.

YVONNE.

Non! non!

MONTIGNAC.

Si! si!

YVONNE.

Toi, c'est autre chose. — Tu es mon parrain, toi, mais elle est ma mère, elle.

MONTIGNAC.

Eh bien! après?

YVONNE.

Toute la tendresse que j'ai pour elle, c'est bien naturel, cela! c'est sacré! Toute celle que j'ai pour toi!... je la prends sur sa part; c'est à elle d'être jalouse.

MONTIGNAC.

En sorte que si tu étais là, et que tu eusses à choisir de sa volonté et de la mienne?...

YVONNE.

Ah! je serais très-malheureuse.

MONTIGNAC.

Mais enfin qui suivrais-tu?

YVONNE.

Elle!

MONTIGNAC.

Je vais l'envoyer chercher!

YVONNE.

Oh! non!

MONTIGNAC.

Dame!

YVONNE.

Tant qu'elle n'est pas là, je suis si heureuse de t'obéir.

MONTIGNAC.

Ah! pauvre petit cœur, tu as raison! C'est ton devoir, après tout!... Entre ta mère et moi!... mais si j'étais ton père.

YVONNE, vivement.

Oh çà! par exemple, si tu étais papa!

MONTIGNAC.

Tu m'obéirais plutôt qu'à elle.

YVONNE.

Oh çà! oui!

MONTIGNAC.

Parce que?

YVONNE.

Parce qu'il me semble que tu devrais être le maître.

MONTIGNAC.

Pourtant chez toi!...

YVONNE.

Oh! papa a abdiqué!... Mais toi, tu n'abdiquerais pas!

MONTIGNAC.

Je t'en réponds!

YVONNE.

Et tu vois comme cela s'arrangerait bien. Tu ne voudrais que ce que je veux. Et mon devoir serait de t'obéir. Ah! ce serait si heureux! quel malheur que tu ne sois pas!...

MONTIGNAC.

Dis!

YVONNE.

Oh! non, j'allais dire une vilaine chose.

MONTIGNAC.

Achève, mon amour adoré, achève, je t'en prie!

YVONNE.

Oh ! non.

MONTIGNAC.

Quel malheur, n'est-ce pas, que je ne sois pas ton père ?...

YVONNE, lui fermant la bouche.

Je n'ai pas dit cela !

MONTIGNAC, radieux.

Mais tu le penses !

YVONNE.

Oh ! que c'est mal, il est si bon pour moi !

MONTIGNAC.

Et moi donc, je ne suis pas meilleur que lui ?...

YVONNE.

Je ne dis pas !

MONTIGNAC.

A-t-il jamais eu de ton enfance le soin que j'en ai pris ?
a-t-il guidé tes premiers pas et guetté ton premier sourire ? Est-ce lui ou moi qui passait des journées entières à
ton berceau. Tes chagrins, est-ce à lui que tu les as con-
fiés ? Ces lettres, est-ce à lui que tu les a écrites ? Et cette
nuit enfin, qui t'enlève et te sauve de cette mort anticipée à
laquelle on te condamne? ce n'est pas lui, c'est moi !... toujours moi !... Ah ! mon Yvonne bien-aimée, ton instinct ne
s'y trompe pas... C'est vers moi qu'il se tourne ! Il sent bien
que la vraie paternité est là, dans ce cœur qui ne bat plus
que pour toi, mon Yvonne chérie, mon ange !

YVONNE.

Mon bon parrain !

MONTIGNAC.

Aussi tu me suivras, tu m'obéiras comme à ton père. Je
ne te ferai pas souffrir, moi ! Car tu es la fille de mon cœur,
de mon âme. Et je suis ton vrai père ! va ! je le suis bien.

YVONNE, l'embrassant.

Mon second père ! oui !

MONTIGNAC, vivement.

Non ! le seul ! Entends-tu, le seul !

YVONNE.

Comment ?

MONTIGNAC, prêt à s'oublier.

Comment ? Tu ne sais pas !... tu !... (A lui-même, s'arrêtant
tout à coup avec douleur.) Ah ! Dieu, n'avoir qu'un mot à dire et
ne pas pouvoir... Car je ne peux pas. Je ne peux pas !

YVONNE, vivement.

Parrain, tu pleures ?

MONTIGNAC, la couvrant de baisers comme un fou.

Oh ! ma fille ! ma fille ! Ah celui-là je puis le dire au
moins ! Ma fille ! ma fille ! ma fille ! ! !

YVONNE.

Ah ! je t'ai fait de la peine, tu es jaloux ?

MONTIGNAC.

Oui !

YVONNE.

Eh bien ! écoute !...

MONTIGNAC.

Mon Yvonne !

YVONNE, baissant la voix.

Tout bas ! car ce n'est pas bien de ma part ! (A son oreille.)
Je t'aime mieux que lui ! (vivement.) ne le dis pas !...

MONTIGNAC, radieux et baisant ses mains.

Ah ! c'est tout ce que je te demande !... Alors tu me suis ?
Nous partons ?

YVONNE.

Oui, à une condition, c'est que tu me laisses écrire à
maman.

MONTIGNAC.

Oh !...

YVONNE, vivement.

Ah ! écoute !... Papa, je te l'abandonne un peu... mais maman, non !

MONTIGNAC.

Alors tu me laisseras seul juge du moment où je ferai partir cette lettre ?

YVONNE.

Je le veux bien !

MONTIGNAC.

Alors, écris !

YVONNE, remontant vivement vers le fond.

Tout de suite. (Revenant.) Ah ! dis donc, parrain !

MONTIGNAC, assis sur le canapé et la suivant des yeux avec amour.

Chérie !

YVONNE.

Nous partons seuls ?...

MONTIGNAC.

Avec Ambroise !.. oui.

YVONNE.

Ah !

MONTIGNAC.

Qui veux-tu qui vienne avec nous ?

YVONNE.

Ah ! je pensais que peut-être il y aurait aussi quelqu'un...

MONTIGNAC.

Quelqu'un qui s'appelle Robert ?

YVONNE, vivement.

Ah ! je dis cela, tu comprends !...

MONTIGNAC.

Mais, oui, je comprends !... Je n'ai pas voulu de lui.

YVONNE.

Pourquoi ?

MONTIGNAC.

Je crains que ce ne soit un garçon léger... sans conviction !

YVONNE, vivement.

Oh ! tu te trompes !... si tu l'avais entendu comme moi. Oh ! non, pour cela, il croit bien ce qu'il dit !...

MONTIGNAC, se levant.

Nous verrons bien alors, car nous le retrouverons là-bas.

YVONNE.

A Cherbourg ?

MONTIGNAC.

Oui.

YVONNE.

Ah ! tant mieux !

MONTIGNAC, se levant.

Parlez-moi de ça ! c'est franc ! — O trésor, va ! Que c'est jeune, que c'est pur et sincère, et tendre et bon ! et (A lui-même.) quelle joie de se dire tout bas : C'est à moi ! ! !

YVONNE.

Ah ! mais j'y pense, je n'ai chez moi ni papier, ni plumes, ni rien !

MONTIGNAC, ouvrant le secrétaire.

Tiens, ici !

Yvonne prépare une plume, du papier, etc.

SCÈNE VI

LES MÊMES, AMBROISE.

AMBROISE, à voix basse à Montignac *.

Monsieur, il y a une dame à la porte du jardin.

MONTIGNAC, de même.

Une dame ?...

* Yvonne, Montignac, Ambroise.

AMBROISE.

Oui, monsieur, et la grille n'est pas fermée à clef...
Faut-il?...

MONTIGNAC.

Attends.

Il va sur le perron, d'où il regarde.

YVONNE, au secrétaire.

Ah! les mauvaises plumes!... Est-ce qu'il n'y en a pas
d'autres?

Elle cherche dans les tiroirs.

AMBROISE.

Mademoiselle, c'est que nous avons tout emballé.

YVONNE, trouvant le paquet de lettres.

Excepté ce paquet pourtant! (Regardant celles qui sont dessus.)
Ah! mais ce sont mes lettres. Eh bien, merci, vous n'oubliez
que mes lettres !

AMBROISE.

C'est que, maintenant, la valise de monsieur est fermée....

YVONNE, enveloppant le paquet et le lui donnant.

Eh bien, dans mon sac de voyage. Tenez!...

Elle ferme le secrétaire. Ambroise sort avec le paquet, par la gauche.

**MONTIGNAC, rentrant vivement. A Yvonne, en fermant le
secrétaire.**

Rentre chez toi, vite !

YVONNE.

Mais pour écrire?

MONTIGNAC.

Plus tard !

YVONNE.

Mais je n'ai ni plumes, ni...

MONTIGNAC.

Plus tard !

YVONNE.

A propos de lettres, tu avais oublié...

MONTIGNAC, la poussant vers la porte.

Mais, pour Dieu, plus tard, plus tard ! Va-t'en !

YVONNE.

C'est donc quelqu'un ?

MONTIGNAC.

Oui.

YVONNE.

Ah ! je me sauve...

MONTIGNAC, sur le seuil.

Oui, là-bas, dans ta chambre, et ferme la porte.

YVONNE.

Je vais tâcher de dormir un peu.

MONTIGNAC.

C'est ça... dors. (Fermant la porte.) Allons donc ! Il était temps !

SCÈNE VII

MONTIGNAC, SÉRAPHINE [*].

SÉRAPHINE, tout en noir, résolue, hautaine, après un coup d'œil donné à toute la pièce, s'efforçant de dompter son émotion.

Vous ne me demandez pas pourquoi je viens, n'est-ce pas ?

MONTIGNAC.

Non, madame

SÉRAPHINE.

C'est vous qui m'avez pris ma fille !...

MONTIGNAC, tranquillement.

C'est moi qui vous ai pris notre fille, oui

SÉRAPHINE

Parce que ?

[*] Séraphine. Montignac.

MONTIGNAC.

Parce qu'il ne me plaît pas qu'elle aille au couvent.

SÉRAPHINE, derrière le canapé.

Voyons!... c'est un jeu, n'est-ce pas? Vous avez voulu me faire peur, vous venger de ce matin. Eh bien! c'est fait maintenant, finissons et rendez-la moi!

MONTIGNAC.

Il n'y a ici aucun jeu, madame; sérieusement, je vous l'ai prise, et sérieusement je la garde.

Il s'assied près de la table.

SÉRAPHINE.

C'est-à-dire que vous me volez mon enfant tout simplement.

MONTIGNAC

Vous me la voliez bien, à moi, en la supprimant de ce monde.

SÉRAPHINE.

Pour la donner à Dieu et accomplir un vœu. Mais savez-vous seulement ce que c'est qu'un vœu, fait au pied des autels?

MONTIGNAC, se levant.

Je le sais si bien, madame, que j'ai fait aussi le mien, moi, au pied de ces mêmes autels : C'est que ma fille ne serait pas malheureuse !

SÉRAPHINE, passant à droite.

Bien malheureuse, en effet, de faire son propre salut en faisant celui de sa mère ! *

MONTIGNAC.

Eh ! allons donc ! Le mot est lâché enfin ! Faire votre salut ! Voilà bien ce que vous voulez ! Et pour cela, pour faire le salut de la mère, il faut que la fille souffre mort et passion, n'est-ce pas?... Tu n'as pas la vocation, malheureuse enfant, bah ! qu'importe ! au couvent ! Ce ne sera pas trop de toutes

* Montignac, Séraphine.

les larmes pour expier le passé de ta mère qui s'est follement
amusée ! Ah ! madame a été coquette, frivole, mondaine. Ah !
elle a trahi tous ses devoirs d'épouse ! Eh bien ! attends, va,
c'est toi qui vas payer pour elle ! — Prie, ma fille, prie ! ta mère
a trop dansé ! Pleure, ma fille, pleure ! ta mère a trop ri !
Languis loin des joies de ce monde ; désespère et meurs loin
de l'amour !... Madame ta mère a trop aimé. Ah ! c'est là ce
que vous appelez expier vos fautes, vous ?... Mais c'est com-
mode ! *

Il remonte à la cheminée.

SÉRAPHINE.

, Misérables insultes qui ne troublent pas une vraie chrétienne.

MONTIGNAC.

Une vraie chrétienne, madame, serait déjà tombée aux
pieds de son mari et lui eût confessé toute sa faute !

SÉRAPHINE.

Ah !

MONTIGNAC.

Et la voilà l'expiation, la vraie, la bonne !... Mais ce serait
de l'héroïsme, je ne vous en demande pas tant.

SÉRAPHINE, passant devant lui, derrière la table.

Dieu non plus ! qui me donnera la force d'expier mes
fautes autrement, et malgré vous **.

MONTIGNAC.

Malgré moi ! Mais pour Dieu ! madame ! expiez-les vos
fautes ! mais vous-même !... Et s'il ne faut pas moins que du
couvent à perpétuité, entrez-y !... mais vous-même.

SÉRAPHINE.

C'est-à-dire qu'après avoir été coupable pour vous !... il
faut encore que pour vous je sois parjure ! n'est-ce pas ?

* Séraphine, Montignac.
** Montignac, Séraphine.

MONTIGNAC.

Eh ! soyez tout ce qu'il vous plaira !... mais ne soyez pas
une mauvaise mère !

SÉRAPHINE, descendant.

Et c'est celui qui !...

MONTIGNAC, descendant.

Ah ! ne récriminons pas ! nous sommes aussi coupables l'un
que l'autre. J'ai conscience de ma faute et la déplore autant
que vous ; mais il ne me viendrait pas à l'esprit de la faire
peser sur une innocente !... Que voulez-vous, ce n'est pas là ce
que me dit ma religion, à moi !

SÉRAPHINE.

Aussi parlons-nous un langage trop différent pour nous
comprendre ! Finissons ! je veux ma fille !

MONTIGNAC.

Finissons donc ! vous ne l'aurez pas !

Il s'assied sur le canapé.

SÉRAPHINE.

Vous êtes fou ! n'est-ce pas ? Je n'ai qu'à ouvrir cette fenêtre et à crier , le premier homme de police qui passe me
fera rendre mon enfant, vous le savez bien !

MONTIGNAC.

Appelez ! et tout Paris saura demain que la fière, l'incor-
ruptible et sainte baronne de Rosanges était à minuit chez
son ancien amant!... Belle revanche pour ces impies que
vous damnez du haut de votre orgueil et pour ces pécheresses
envers lesquelles vous êtes implacable ! — Appelez !... appelez
donc !...

SÉRAPHINE.

Je dirai que vous avez enlevé mon enfant, et tout le monde
comprendra bien qu'une mère vienne arracher sa fille!...

MONTIGNAC, debout.

A son père?

SÉRAPHINE.

Vous oserez dire?...

MONTIGNAC.

Ah! si je l'oserai! Eh bien, appelez donc, appelez, vous
allez voir!

SÉRAPHINE.

Vous aurez la lâcheté!... l'infamie, de me perdre aux yeux
du monde et de mon mari! en leur apprenant ma faute!...
Vous?

MONTIGNAC.

Pour sauver mon enfant, j'oserai tout! je dirai tout, je
ferai tout!...

SÉRAPHINE, descendant.

Et c'est un gentilhomme cela, tenez, qui vend sa maîtresse!

MONTIGNAC, descendant.

Et c'est une mère cela, tenez! qui torture sa fille!

SÉRAPHINE.

Oh! misérable!

MONTIGNAC, frappant sur la table.

Dent pour dent! ne commettez pas votre infamie!.. je ne
commettrai pas la mienne!

SÉRAPHINE.

Eh bien! oui! dent pour dent! Parlez, dévoilez tout! — Je
dirai, moi, que c'est une calomnie, et que vous avez menti!

Elle court à la fenêtre.

MONTIGNAC, froidement, appuyé contre la table.

Et vos lettres?

SÉRAPHINE, épouvantée, à la fenêtre de droite.

Mes lettres!

MONTIGNAC.

Oui!

SÉRAPHINE.

Vous ne les avez plus! elles sont brûlées!

MONTIGNAC, la main sur son secrétaire.

Pas une! et s'il vous faut des preuves!..

SÉRAPHINE, redescendant désespérée.

Oh! lâche! qui se fait une arme de tout contre moi, lâche!
lâche! lâche! (Elle tombe assise.) Oh! avoir été la maîtresse de
cet homme! et ne pas pouvoir!... Non! ce n'est pas vrai! je ne
me suis jamais donnée à lui! Ce n'est pas vrai! O Dieu, Dieu
bon, Dieu qui peux tout, fais que ce ne soit pas vrai!... Je ne
le veux pas!... Non, je ne vous ai pas aimé! non! c'est
faux! Je ne le veux pas! Je... (Tombant épuisée sur le canapé, en ne
le perdant pas de vue.) Ah! mon Dieu!..

MONTIGNAC, derrière le canapé.

J'ai pitié de vous! Tenez!... Eh bien, voyons, je garderai
ma fille, mais!...

SÉRAPHINE.

Votre fille! Ce n'est pas votre fille d'abord!... je vous ai
menti!... Elle n'est pas à vous!... C'est la fille de mon mari!
de mon mari! — De mon mari! entendez-vous?...

MONTIGNAC, lui prenant le bras violemment.

Osez donc me dire cela en face!

SÉRAPHINE, effrayée.

Si! si! elle est à vous! Pardon! Je suis folle! Ah! que
vous êtes cruel... et que vous me faites de mal!— Et tout cela
pour vous avoir aimé. —Henri, rappelez-vous! Ici même! Ah!
si l'on m'avait dit, en ce temps-là! (Caressante et féline.) Vous étiez
à mes pieds!... Vous m'aimiez tant! et quand je suis venue
tout à l'heure, mon cœur battait comme autrefois.... et si je
t'avais trouvé bon et tendre, tout cet amour que je croyais
éteint ne demandait qu'à renaître... Je ne te hais pas! Dieu
qui nous voit sait que non! Je suis encore assez belle pour
te plaire. Un mot de tendresse, et c'est ta Séraphine d'autrefois qui te revient et qui t'aime! Rends-moi seulement mes
lettres et je t'adore!...

Elle s'est redressée peu à peu jusqu'à lui.

MONTIGNAC, froidement.

C'est trop cher!...

SÉRAPHINE, bondissant loin de lui.

Oh! je mens! je te hais!... Et tu me fais horreur!..

MONTIGNAC.

Je vous aime mieux comme ça! C'est plus franc!...

SÉRAPHINE, désespérée.

Et ma fille est ici! et il la tient, cet homme, et je ne peux pas!...

Elle revient à lui.

MONTIGNAC.*

Vous pensez à me tuer, n'est-ce pas?

SÉRAPHINE.

Oui!

MONTIGNAC.

Oui, je vois ça à vos yeux!

SÉRAPHINE.

Oh! si je pouvais!... Voleur d'enfant! va!... O Dieu, mais où êtes-vous donc!... mais c'est pour vous que je combats!... Aidez-moi donc! c'est un impie! Tuez-le donc!

MONTIGNAC.

Touchante prière!

SÉRAPHINE.

Il faudra bien qu'elle m'entende et qu'elle vienne!... (Appelant.) Yvonne!... Ma fille!... Yvonne!...

MONTIGNAC, cherchant à la faire taire.

Taisez-vous!

SÉRAPHINE, courant à gauche et criant.

Yvonne, mon enfant! ou es-tu?...

MONTIGNAC, la saisissant à bras-le-corps et lui fermant la bouche.

Silence!... on vient!

SÉRAPHINE.

Ah! tant mieux! je crie!...

MONTIGNAC.

Et moi, je dis tout!...

* Séraphine, Montignac.

SÉRAPHINE, brisée.

Ah! faites de moi ce qu'il vous plaira!... je suis brisée!...

Elle glisse anéantie sur le canapé.

SCÈNE VIII

LES MÊMES, PLANTROSE *.

PLANTROSE, entrant par le fond à droite, tout effaré.

Montignac! mon ami!... (Apercevant Séraphine.) Elle!...

MONTIGNAC.

Oui, qu'y a-t-il?

PLANTROSE.

Le baron!

MONTIGNAC.

Seul?

PLANTROSE.

Non!... des hommes avec lui! — En te quittant, j'a couru à l'hôtel : on a retrouvé le cocher, et sur ses indices!... j'ai pris les devants, mais ils cernent déjà la rue de tous côtés, sauve-toi par les jardins, avec Yvonne!

MONTIGNAC.

Non! ils iraient aussi vite que nous!

PLANTROSE.

Alors, tout est perdu!

MONTIGNAC.

Non! dis à Ambroise d'ouvrir en bas de l'air le plus naturel!... et qu'ils entrent!...

PLANTROSE.

Mais!

MONTIGNAC.

Mais va donc !

PLANTROSE.

J'y vais!

Il sort vivement.

* Séraphine, Montignac. Plantrôse.

SCÈNE IX

MONTIGNAC, SÉRAPHINE *.

SÉRAPHINE, triomphante.

Enfin! vous la rendrez cette fois!

MONTIGNAC, nettement et vivement.

Je ne la rendrai pas, et vous allez faire ce que je vais vous dire!. .

SÉRAPHINE, effrayée.

Moi!...

MONTIGNAC, froid et résolu.

Vous avez tout vu, tout visité!... votre fille n'est pas ici!... vous en êtes sûre!

SÉRAPHINE.

Moi!

MONTIGNAC.

Vous en êtes sûre! on vous croit! et ils partent avec vous! Yvonne me reste!

SÉRAPHINE.

Je dirai cela, moi!...

MONTIGNAC.

Vous le direz!... en vos lettres...

Il montre le secrétaire.

SÉRAPHINE.

Mais vous êtes un...

MONTIGNAC.

Pas d'injure! je joue mon jeu et le vôtre, **vous êtes plus dévote que mère!** je garde ma fille, et je vous laisse le prestige de vos saintes vertus! trouvez mieux!

SÉRAPHINE.

Oh!

MONTIGNAC.

Les voici!...

---

* Séraphine, Montignac.

SCÈNE X

Les Mêmes, LE BARON, PLANTROSE, CHAPE-LARD*.

LE BARON, sur le seuil, sans voir la baronne, avec une parfaite courtoisie.

Je ne sais, monsieur, si ma visite a lieu de vous surprendre... j'ai laissé en bas certaines personnes dont le ministère est très-utile assurément, mais dont la présence aurait pu dénaturer l'explication courtoise que je viens vous demander de gentilhomme à gentilhomme!

MONTIGNAC, l'invitant du geste à entrer.

Je vous sais gré, monsieur, de m'épargner leur visite.

LE BARON, en scène.

Vous soupçonnez, monsieur, ce qui nous amène?

MONTIGNAC.

Madame la baronne m'a déjà fait l'honneur de m'en instruire.

LE BARON, apercevant Séraphine sur le canapé, où elle est tombée épuisée.

Ici, madame?

MONTIGNAC.

Madame est arrivée tout à l'heure, monsieur, tout émue du même soupçon que vous!

LE BARON.

Et comment savait-elle?

SÉRAPHINE.

Un domestique...

LE BARON.

Ah! c'est?...

MONTIGNAC, vivement.

Ne nous perdons pas dans les détails, monsieur le baron, et allons au fait : vous me soupçonnez d'avoir enlevé ma filleule?

* Séraphine, Montignac, Chapelard, le baron, Plantrose.

LE BARON.

Tout me porte à le croire, monsieur!

MONTIGNAC, passant derrière le canapé.

Et tout vous abuse : j'ai déjà eu l'honneur de m'en expliquer avec madame, et elle vous certifiera que mademoiselle Yvonne n'est cachée nulle part, dans cette maison*.

LE BARON.

Baronne?

MONTIGNAC.

Madame... de grâce!

SÉRAPHINE, après un effort.

Nulle part!

MONTIGNAC.

Vous voyez!

LE BARON.

Nous avions pourtant de fortes présomptions!..

PLANTROSE, vivement.

Permettez! la parole d'un cocher à peu près ivre! mais devant des attestations si précises!... confirmées par madame...

CHAPELARD, appuyant.

Sans doute, et puis, quel intérêt d'ailleurs aurait monsieur?...

MONTIGNAC,

Mais j'allais vous le demander, messieurs!...

LE BARON.

Pourtant les apparences sont si fortes... La baronne est-elle bien sûre d'avoir tout visité?...

Montignac ouvre son secrétaire.

SÉRAPHINE, trémissant.

Tout.

LE BARON.

Vous avez vu toute la maison?

MONTIGNAC, vivement.

Oh! ce n'est pas long!... trois pièces au rez-de-chaussée, que ces messieurs sont en train d'examiner, je suppose...

_____

* Montignac, Séraphine, Chapelard, le baron, Plantrose.

et à ce premier étage, le salon où nous sommes, ce cabinet qui est ouvert...

Il indique la gauche. Le baron ouvre et regarde.

LE BARON, montrant la droite.

Et là ?...

MONTIGNAC.

Oh ! là, deux chambres !...

LE BARON.

Fermées ?...

MONTIGNAC, légèrement.

Non, ouvertes... mais madame les a visitées déjà en détail !... si vous voulez de nouveau.

LE BARON.

Acceptons, baronne, puisque monsieur nous y autorise.

Montignac ouvre la porte. Séraphine franchit le seuil à peine et rentre presque aussitôt.

SÉRAPHINE, ressortant toute pâle.

Personne !

MONTIGNAC, au baron.

Vous voyez.

LE BARON *.

Il nous reste, monsieur, à vous faire agréer nos excuses !

MONTIGNAC.

Je partage votre anxiété, monsieur, et je voudrais avoir le temps de m'associer à vos recherches !

LE BARON.

Je vais en délibérer avec ces messieurs, qui sont là, et nous nous retirerons aussitôt.

Il remonte avec Chapelard et Plantrôse sur le perron à gauche, où ils sont à peine en vue.

MONTIGNAC, à Séraphine.

C'est bien... Maintenant, madame... adieu !...

SÉRAPHINE, que les larmes gagnent.

Alors, c'est décidé ! vous l'emmenez... comme cela... C'est fini !...

* Montignac, Chapelard, le baron. Plantrôse, Séraphine.

MONTIGNAC.

Prenez garde !

SÉRAPHINE.

Elle est là ! elle ne m'a pas vue ! elle dort dans un fauteuil ! ma douce Yvonne ! si jolie, si bonne, si tendre ! je ne la verrai plus ! mais c'est affreux cela !... (Pleurant.) Ah ! tenez, je suis à vos pieds ! je pleure, tout ce qu'il vous plaira, je ferai tout ! Vous pouvez bien me la rendre maintenant ! Rendez-la moi !

MONTIGNAC.

Je ne crois pas à vos larmes !

SÉRAPHINE, folle.

Mais c'est ma fille !... je ne veux pas qu'on me prenne ma fille ! entendez-vous ! je la veux !

MONTIGNAC.

Votre mari !

LE BARON [*].

Baronne, ces messieurs approuvent le départ ! nous nous retirons !

MONTIGNAC.

Si madame veut me permettre de lui offrir mon bras ?

SÉRAPHINE, à elle-même, décidée.

Ah ! c'est trop de lâcheté ! à la fin !

LE BARON, descendant. [**]

Plait-il ?

SÉRAPHINE, éclatant.

Monsieur le baron ! votre fille est là !... Dites à cet homme de vous la rendre !

LE BARON.

Là ?

MONTIGNAC, à Séraphine, à demi-voix. [***]

Malheureuse, je dirai...

[*] Le baron, Montignac, Séraphine.
[**] Séraphine, le baron, Montignac, Chapelard, Plantrose.
[***] Séraphine, Montignac, Chapelard, Plantrose.

SÉRAPHINE.

Ah! tout ce qu'il vous plaira!.., je m'en soucie bien à présent!... Il n'y a plus ici qu'une mère!... Yvonne!... m'entends-tu? c'est moi!...

Elle remonte et reçoit Yvonne, que le baron ramène.

YVONNE.

Ma mère !

SÉRAPHINE.

Oh ! ma fille chérie !... Viens!... viens dans mes bras!...

LE BARON, à Montignac.

Vous êtes un misérable !... et je vous tuerai !

PLANTROSE et CHAPELARD.

Baron !...

Plantrôse se jette entre eux.

MONTIGNAC.

Pas de violence, monsieur ! Demain je serai chez vous à la première heure, et je vous donnerai toutes les explications désirables !

LE BARON.

Oh ! j'y compte bien !

Plantrôse et Chapelard remontent et entraînent le baron.

YVONNE, dans les bras de sa mère.

Parrain, pardonne-moi ! Je te l'ai dit : Si maman vient...

MONTIGNAC.

Va, mon enfant ! va ! je veille toujours sur toi !...

LE BARON, sur le seuil, menaçant.

A demain, monsieur.

MONTIGNAC.

Soyez tranquille, monsieur ! j'y serai

SÉRAPHINE, entraînant sa fille, à Montignac, triomphante

Maintenant, tâchez donc de me la reprendre!...

* Montignac, Yvonne, Séraphine, Chapelard, le baron, Plantrôse.

FIN DU QUATRIÈME ACTE

ACTE CINQUIÈME

Même décor qu'aux deux premiers actes.

SCÈNE PREMIÈRE

PLANTROSE, URSULE.

PLANTROSE.
Madame la baronne est levée ?

URSULE.
Madame n'a pas encore sonné, monsieur.

PLANTROSE.
Bien !... Monsieur le baron ?

URSULE.
Il est au jardin, monsieur.

PLANTROSE.
Et il n'est venu personne ce matin ?

URSULE.
Personne ! monsieur !

PLANTROSE.
Bon !... (A lui-même.) J'arrive à temps ! (Regardant l'heure.) Huit heures, attendons Montignac.

SCÈNE II

PLANTROSE, CHAPELARD.

CHAPELARD, à Ursule.
Du chocolat !... je préfère du chocolat !

PLANTROSE.

Déjà ici ?...

CHAPELARD.

Ne m'en parlez pas, j'y demeure !... je leur suis si utile !

PLANTROSE.

Vous avez l'air fatigué !

CHAPELARD.

Je crois bien !... le métier que je fais ! A deux heures du matin, vous comprenez qu'il était trop tard pour retourner chez moi. — J'ai donc couché là-haut, dans une chambre d'ami ! Vous voyez ça d'ici, n'est-ce pas ?... Pas d'allumettes, pas de tire-bottes, pas d'éteignoir !... On n'imagine pas tout ce qui manquait ! Moi, qui aime bien mes petites aises, sans être pourtant un sybarite... au contraire !... j'aime que mon corps soit tout à fait à l'aise, pour n'avoir plus à m'en occuper !

PLANTROSE.

Oui, je connais vos théories !... Et vous n'avez pas fermé l'œil ?

CHAPELARD.

C'est-à-dire qu'après une nuit !... j'ai été réveillé ce matin par des détonations épouvantables !

PLANTROSE.

Où ça ?

CHAPELARD.

Dans le jardin! Terrifié, je cours à la fenêtre .. en chemise... vous voyez ça d'ici !

PLANTROSE.

Je vois !...

CHAPELARD.

Et qu'est-ce que j'aperçois dans le jardin ?... Le baron qui s'exerçait au pistolet !...

PLANTROSE, vivement.

Et il tire bien, hein ?

CHAPELARD.

Oh ! une adresse !... Et rageur ! Je ne l'ai jamais vu mauvais comme ça ! Je lui dis : « Voyons, baron, c'est très-joli

ce que vous faites là ; mais à quoi ça sert-il ? « Il me répond
(avec des jurons que je renonce à reproduire !...) « A tuer
les drôles qui nous enlèvent nos filles! » Moi, ami de la paix
par goût... je lui improvise un petit sermon contre le duel !...
De ces arguments auxquels on ne résiste pas !

PLANTROSE.

Bon ! Alors ?

CHAPELARD.

Alors, çà n'a pas mordu du tout, et il m'a répondu : Je le
tuerai !

PLANTROS

Beau résultat !

CHAPELARD.

Moi, de répliquer : « Le tuer, baron, parce qu'il a enlevé
sa filleule ; mais c'est gros, mais c'est bien gros ! »

PLANTROSE.

Et lui ?

CHAPELARD.

Lui, avec un mauvais rire, que je ne cherche pas à
imiter... « On n'aime pas tant que ça sa filleule !... » Et sur
ce !... Pan!... une balle dans le petit rond !

PLANTROSE, baissant la voix.

Alors des soupçons?

CHAPELARD, de même.

Énormes!

PLANTROSE.

Et enfin?...

CHAPELARD.

Enfin, il a perdu patience, ne voyant pas paraître
M. de Montignac, et il est parti pour Auteuil. Resté seul...
rien à faire ici,.. l'idée m'est venue d'aller surprendre Sulpice endormi (s'interrompant.) Et au lait... vous allez peut-être
m'éclairer, vous !

PLANTROSE, après avoir regardé l'heure à sa montre.

Dites !

CHAPELARD.

J'arrive donc chez Sulpice, que je n'ai pas vu depuis hier...

PLANTROSE.

Bien!

CHAPELARD.

Et je demande à sa concierge : « Dort-il encore, ce cher
» enfant?... » Elle me répond : « Monsieur, je ne crois pas
» qu'il dorme... il a découché ! »

PLANTROSE.

Ah!

CHAPELARD.

Inutile de vous dire qu'aucun mauvais soupçon ! Ah!
Dieu!... cher enfant! je le connais trop bien! une éduca-
tion... une morale... je me dis : Quelque bonne œuvre !...
Peut-être un malade à veiller !... Je vais l'attendre!... je
monte chez lui ! — Dans la cheminée... un papier tordu... à
demi brûlé, frappe ma vue... Je le prends... (Il le tire de
sa poche.) Par habitude, j'aime bien...

PLANTROSE.

Oui.

CHAPELARD.

Simple curiosité !... Et je lis : (Il lit.)
    « Mon bon petit ch... »
Le reste de la ligne, vous voyez !... brûlé !

PLANTROSE.

Je vois...

CHAPELARD, lisant.

« Mon bon petit ch... attends-moi ce soir à la sortie de
» l'O... (S'interrompant et montrant.) Brûlé !... (Continuant à lire.)
» Et n'oublie pas d'apporter l'argent pour mon sac... » (Même
jeu.) Brûlé !... à la ligne... (Lisant.) « issier !...» (Parlé.) Et plus
bas... (Lisant.) « Paq...! »

PLANTROSE.

Diable ! c'est énigmatique, ça!

CHAPELARD.

N'est-ce pas? Eh bien! moi, j'ai reconstruit ça, en
partie...

PLANTROSE.

Ah! voyons votre petit travail...

CHAPELARD, lisant.

« Mon bon... » (S'interrompant.) Je lis couramment...

PLANTROSE.

Oui...

CHAPELARD.

« Mon bon petit chérubin !... » (S'interrompant.) ch... c'est chérubin, évidemment !

PLANTROSE.

Allez toujours !

CHAPELARD. lisant.

« Mon bon petit chérubin !... Attends-moi ce soir à la sortie de l'O. . ffice... » L'office du soir... donc ! (Lisant.) « Attends-moi ce soir à la sortie de l'office !... Et n'oublie pas d'apporter l'argent pour mon sac !... » Ça, c'est plus douteux, évidemment ce n'est pas... l'argent pour mon sac... un point !... Ça ne voudrait rien dire... Je restitue... « Et n'oublie pas d'apporter l'argent pour mon sac...ristain !

PLANTROSE.

Ah ! sacristain !... Oui, c'est joli !

CHAPELARD.

N'est-ce pas, c'est ingénieux !

PLANTROSE.

Charmant !

CHAPELARD, continuant, avec satisfaction.

« Pour mon sacristain !. . » (Parlé.) A la ligne !... « issier !... » (Parlé.) Ah ! voilà l'embarras qui commence... issier !... ne me dit rien... et plus bas : « Paq... » Qu'est-ce que c'est que ça ! .. une signature ?... « Paq...» ça ne ressemble à rien !... une date ? nous ne sommes pas encore à Pâques... et puis il n'y a pas d'accent circonflexe... Vous avez une idée, vous ?

PLANTROSE.

Moi ?... je vais vous lire ça tout d'un trait, si vous voulez !

CHAPELARD. lui passant la lettre.

Marchez !

PLANTROSE, lisant.

« Mon bon petit chien !... »

CHAPELARD, sautant.

Petit chien !

PLANTROSE, tranquillement

Voyez-vous : « .. mon bon petit ch... » sur du papier qu
a cette odeur-là... (Il lui fait sentir.) ça veut toujours dire :
« ... mon bon petit chien... »

CHAPELARD.

Qui est-ce qui se permet de donner à Sulpice des appel-
lations pareilles ?

PLANTROSE.

Je poursuis ! .. (Il lit.) « Petit chien ! attends-moi ce soir
à la sortie de l'Opéra ! »

CHAPELARD.

De l'office !

PLANTROSE.

« De l'Opéra!... » sur du papier comme ça, « l...apostrophe...
o... »l'Opéra !... (Continuant) « Et n'oublie pas d'apporter l'argent
pour mon sac... » (S'interrompant.) vous permettez, n'est-ce pas,
je lis ce qu'il y a !

CHAPELARD.

Allez !

PLANTROSE.

C'est que c'est gros !

CHAPELARD.

Allez !

PLANTROSE.

« Pour mon sac... » A la ligne « issier... » pour mon
SACRÉ TAPISSIER !...

CHAPELARD.

Horreur ! qu'est-ce que vous me lisez là ?

PLANTROSE.

Signé : « Paquita ! »

CHAPELARD, ahuri.

Paquita !

PLANTROSE.

Commentaire à l'appui « Paquita, danseuse de l'Opéra...
légèrement fanée... Son tapissier l'aura saisie ; et le dit à-
compte a pour but d'arrêter les frais ! c'est limpide !

CHAPELARD.

Un verre d'eau !... je m'évanouis !...

PLANTROSE.

Eh ! là !

CHAPELARD, se ravisant.

Non ! à jeûn !...

PLANTROSE.

Après le chocolat, oui !...

CHAPELARD.

La lettre !... mon chapeau !... j'y cours !... où demeure
cette Paquita ?

PLANTROSE.

Ah ! tâchez de savoir à l'Opéra !

CHAPELARD.

Une danseuse ! abomination !... Et avec l'argent des petits
Patagons !

PLANTROSE.

Ah bah !

CHAPELARD.

Il me l'a demandé pour une bonne œuvre !

PLANTROSE.

Sapredié ! j'y suis pour vingt francs, moi !

CHAPELARD.

Les vaut-elle ?

PLANTROSE.

Non !

CHAPELARD.

Malédiction ! j'y vole !

URSULE, paraissant.

Le chocolat de monsieur !

CHAPELARD.

Ah ! au fait, j'arriverais trop tard maintenant.

PLANTROSE.

Sûrement !

CHAPELARD.

Alors, autant prendre le chocolat !

PLANTROSE.

C'est mon avis !

CHAPELARD, sortant.

Merci ! je prends mon chocolat, et je l'attends ! c'est plus digne !

PLANTROSE.

C'est plus digne de vous !

SCÈNE III

PLANTROSE, MONTIGNAC.

PLANTROSE.

Avec tout ça, l'heure avance... Montignac ne vient pas... et... (L'apercevant.) Ah ! c'est lui ! enfin !

MONTIGNAC, à demi-voix.

Où est le baron ?

PLANTROSE.

Sorti ! pour aller chez toi !

MONTIGNAC.

La baronne ?

PLANTROSE.

Chez elle !

MONTIGNAC.

Il faut que je lui parle, à elle seule !

PLANTROSE.

Qu'as-tu donc ? cette mine bouleversée !

MONTIGNAC.

On l'aurait à moins... fais qu'elle vienne me parler, vite ! vite !

PLANTROSE.

J'y cours !

MONTIGNAC *.

Et puis descends au jardin, et veille au retour du baron !

PLANTROSE.

Sois tranquille ! Ah ! sapredié !... qu'est-ce qu'il y a encore !

Il sort vivement par la droite.

SCÈNE IV

MONTIGNAC, puis SÉRAPHINE.

MONTIGNAC.

Pourvu que j'arrive à temps !... huit heures et demie !... On s'est couché tard !... Il y a encore quelque chance !... Mon Dieu !... en sortirons-nous ?

SÉRAPHINE, sortant de chez elle **.

Vous !... c'est vous qui me demandez ?

MONTIGNAC, regardant autour de lui, pour s'assurer qu'ils sont seuls.

C'est moi !... oui !...

SÉRAPHINE.

Mais, monsieur !...

MONTIGNAC, vivement.

Ah! plus de récriminations entre nous, pour Dieu !... il ne s'agit plus de cela, et les secondes valent des heures!...

SÉRAPHINE, effrayée.

Qu'y a-t-il encore ?

MONTIGNAC.

Un coup inattendu ! infernal !... Tout à l'heure, avant de sortir, j'ai voulu m'assurer de vos lettres.

SÉRAPHINE.

Mon Dieu !...

MONTIGNAC.

Disparues !

SÉRAPHINE.

Volées ?

* Montignac, Plantrôse.
** Montignac, Séraphine.

MONTIGNAC.

Prises !

SÉRAPHINE.

Mon mari ?...

MONTIGNAC.

Eh ! si ce n'était que lui !..., mais le coup est plus atroce :
ce n'est pas l'épouse qui est menacée dans son honneur !..
c'est la mère !...

SÉRAPHINE, épouvantée.*

La mère !

MONTIGNAC.

Vos lettres sont dans les mains d'Yvonne !

SÉRAPHINE.

Ma fille !

MONTIGNAC.

Comprenez-vous... vos lettres !... sous les yeux de cette
enfant !... ces lettres brûlantes... ardentes !... que vous ne
reliriez pas vous-même sans rougir !

SÉRAPHINE.

Ah ! quelle horreur !... mais je ne veux pas !...

MONTIGNAC.

Et moi donc !

SÉRAPHINE.

Mais elle ne peut pas lire cela !... il les faut !... je les
veux !... où sont-elles ?...

MONTIGNAC.

Eh ! que sais-je ?... notre seule chance, c'est qu'elle est
rentrée tard, épuisée, qu'elle s'est endormie et qu'elle n'a
rien lu !

SÉRAPHINE.

O mon Dieu ! Et si elle les a lues pourtant !

MONTIGNAC.

Non ! courage ! où est-elle ?

SÉRAPHINE.

Oh ! je ne sais plus !... J'ai la tête perdue !... si !.. je l'ai

---

* Séraphine, Montignac.

envoyée à l'église pour dissiper les bruits qui couraient déjà...
Elle y est encore !

MONTIGNAC.

Bien ! Fouillez sa chambre ! ses vêtements ! les meubles !

SÉRAPHINE.

Oh ! je les veux ! Et je les aurai !... Si elle vient, retenez-
là !

MONTIGNAC.

Plantrôse surveille le baron !

SÉRAPHINE.

Et ils vous disent que Dieu ne punit pas !

Elle sort par la gauche.

SCÈNE V

MONTIGNAC, puis ROBERT.

MONTIGNAC.

Pauvre femme ! où est ton orgueil maintenant ?

ROBERT, entrant avec précaution.

Mon oncle !

MONTIGNAC.

Toi ! ici ?

ROBERT.

Oui !... J'ai des intelligences dans la place ! Je viens de
chez vous !... Ambroise m'a tout conté ! Je vous savais ici,
j'accours !...

MONTIGNAC, preoccupe de ce qui se passe chez Yvonne.

Eh bien ! va-t'en !

ROBERT.

Mais, mon oncle !...

MONTIGNAC.

Je n'ai que faire de toi ! Tu me gênes !... va-t'en !...

ROBERT.

Mais si vous vous battez pourtant !

MONTIGNAC.

Me battre, moi !

ROBERT.

Mais, le baron !...

MONTIGNAC.

Allons donc !

ROBERT.

Mais, mon oncle, raisonnons... qu'allez-vous lui dire ?

MONTIGNAC, même jeu.

Oh ! j'ai bien la tête à cela !

ROBERT.

Mais il va vous demander, cet homme, de quel droit vous
enlevez sa fille, dans quel but ?

MONTIGNAC, regardant toujours la porte d'Yvonne.

Eh bien, je le dirai !

ROBERT.

Mais il ne vous croira pas !... Quel mortel raisonnable ad-
mettra jamais qu'un parrain pousse l'amour de sa filleule à
ce point-là ? Et comment voulez-vous qu'il n'ait pas, lui,
mari, des soupçons !...

MONTIGNAC, se retournant.

Des soupçons ?

ROBERT.

Eh ! que diable, mon oncle, il faut bien vous le dire... mais
un parrain de cette force-là !... c'est suspect !...

MONTIGNAC.

Malheureux, tais-toi !... (A lui-même.) Et elle ne trouve pas !...
Tenez !... Elle ne trouve pas* !

ROBERT.

Tandis que moi, j'ai une idée !

MONTIGNAC, de même.

Où peut-elle les avoir mises ?...

ROBERT.

Une idée excellente ! Et si vous l'adoptez...

MONTIGNAC.

Oui !... non !... Est-ce que je sais ce que tu me dis ?

* Robert, Montignac.

ROBERT.

Répondez-moi seulement que vous me laissez faire !

MONTIGNAC.

Oh ! ce que tu voudras ; mais, pour Dieu ! va-t'en donc !

ROBERT, heureux.

Ah ! mon oncle !... c'est tout ce que je veux ! je me sauve..
Revenant) où est Yvonne ?

MONTIGNAC.

Encore ! — A l'église !... Il ne s'en ira pas !...

ROBERT, fausse sortie.

J'y vole et je reviens !... (Revenant.) Ah ! mon oncle ! Quel
joli ménage ça fera !... je ne vous dis que ça ! vous verrez !
Quel joli ménage !

Il sort en courant.

MONTIGNAC, agité, cherchant à voir Yvonne.

Mais c'est éternel !... Il y a de quoi mourir ! elle cherche
mal !... j'aurais déjà trouvé cent fois ! un paquet de lettres
énorme ! cela saute aux yeux !... Et Yvonne qui peut rentrer,
ce baron qui peut venir !... Ah ! j'y vais !... Je trouverai
mieux qu'elle !

Il va pour entrer. Séraphine sort, pâle et défaite.

SCÈNE VI

MONTIGNAC, SÉRAPHINE*.

MONTIGNAC.

Eh bien ?

SÉRAPHINE.

Rien !...

MONTIGNAC.

Mais ce n'est pas possible. Je vous dis qu'elle les a !

SÉRAPHINE, désespérée.

Mais rien !... Pas une lettre !

MONTIGNAC.

Vous avez mal cherché !

* Séraphine. Montignac.

SÉRAPHINE.

J'ai tout visité !... tout !... je vous dis qu'il n'y a rien !

MONTIGNAC.

Alors, elle les a lues, et si bien cachées !

SÉRAPHINE, désespérée.

Ah ! c'est atroce !... Ah ! mon Dieu ! quel châtiment !..

MONTIGNAC, cherchant à la calmer.

Madame !... voyons*!...

SÉRAPHINE.

Ah ! vous êtes un homme, vous!... mais une femme !...
une mère !... Est-ce que vous pouvez sentir cela !... rougir
devant le monde entier... soit !... mais devant ma fille... Je
me les rappelle, ces misérables lettres!.. je me rappelle tout...
Et c'est cela que cette enfant!... mais l'embrasser maintenant,
la regarder seulement ! Est-ce que je le pourrai?

MONTIGNAC.

Silence! on vient !...

SÉRAPHINE.

Eh! qu'on vienne!... Si ce n'est elle !... que me font les
autres maintenant?

Elle tombe épuisée sur un siège à droite.

SCÈNE VII

SÉRAPHINE, MONTIGNAC, PLANTROSE.**

PLANTROSE, entrant vivement.

Le baron !... Prenez garde !...

MONTIGNAC, à Séraphine qui pleure.

Votre mari !... madame !

PLANTROSE, à Montignac.

Qu'est-ce que tu vas lui dire, maintenant, à celui-là ?

* Montignac, Séraphine.
** Montignac, Plantrôse, Séraphine.

MONTIGNAC.

Que j'ai voul: sauver Yvonne !... que veux-tu, je n'ai pas mieux !

PLANTROSE.

Mais il soupçonne la vérité, tu sais !

MONTIGNAC.

Qu'y faire ?

PLANTROSE.

Mais trouve quelque chose... Inventons !...

MONTIGNAC.

Eh ! je le voulais... mais c,s malheureuses lettres ! je n'ai plus la tête à moi !...

PLAN TROSE.

Mais je le vois bien ! — Alors où allons-nous ? — Le voici !

SCÈNE VIII

Les Mêmes, LE BARON, CHAPELARD,
puis ROBERT*.

LE BARON.

Enfin, je vous trouve, monsieur !... (Aux autres.) Ne bougez pas... aucun de vous n'est de trop ! Vous étiez témoins de l'offense, vous le serez de la réparation ! — Maintenant, monsieur, je vous écoute !

MONTIGNAC.

Je vous vois bien exalté, monsieur, et je crains que vous ne jugiez pas avec tout le sang-froid requis, un acte blâmable en soi, mais pourtant excusable...

LE BARON.

Excusable ! L'enlèvement de ma fille à la porte de ma maison !

MONTIGNAC.

Permettez !...

LE BARON, de même, avec violence.

Il n'y faut pas tant de paroles, monsieur !... finissons !...

* Montignac, Plantrôse, Robert, le baron, Chapelard, Séraphine.

Ce ne sont point de vaines raisons que je veux pour tout ce
que je soupçonne !... c'est du sang !

ROBERT, s'avançant.

Alors, prenez donc le mien, monsieur le baron !... car
voici le vrai coupable !

LE BARON.

Vous ?

MONTIGNAC *, à part.

Robert ?

PLANTROSE, lui fermant la bouche, de même.

Il nous sauve ! Tais-toi !

LE BARON, stupéfait, à Robert.

C'est vous qui avez enlevé ma fille ?

ROBERT.

Ne vous l'avais-je pas crié, monsieur, ici même ? Votre
fille n'ira pas au couvent ! je l'arracherai de vos mains !...

LE BARON.

C'est vrai ! vous l'avez dit !

ROBERT.

Eh bien ! je l'ai fait, et c'est sur moi seul que doit retom-
ber le poids de votre colère !

LE BARON.

Monsieur Chapelard, vous avez vu ce jeune homme dans la
voiture ?

CHAPELARD.

Oh ! moi, baron, avec cette portière dans l'estomac !...

ROBERT.

Ne cherchez pas, monsieur, personne ne m'a vu, ni dans
la rue, ni dans la maison de mon oncle !

LE BARON.

Qui s'est fait votre complice ?

MONTIGNAC.

Voilà mon tort, monsieur ! Mais, que voulez-vous, ces enfants m'ont attendri : ils s'aimaient ! pardonnez-leur, monsieur, et faisons leur bonheur, c'est le plus sage : voici mon

---

★ Plantrôse, Montignac, Robert, le baron, Chapelard. Séraphine.

neveu, mon héritier, je puis dire mon enfant. Faites-moi
l'honneur de m'accorder pour lui la main de votre chère
Yvonne! c'est la satisfaction que je voulais vous offrir, et je
n'en sais pas de meilleure!

LE BARON.

Récompenser le ravisseur?

MONTIGNAC, vivement.

Oh! monsieur! des enfants!... une escapade! Que madame
la baronne s'unisse à moi pour vous supplier!...

LE BARON, toujours soupçonneux.

Pas si vite! Elle m'expliquera d'abord pourquoi son hési-
tation à déclarer que sa fille était dans votre maison! car
vous la saviez dans cette chambre, madame, et vous n'en
avez rien dit d'abord!

SÉRAPHINE, se levant.

Ah! monsieur, ne comprenez-vous pas que j'espérais ra-
mener cette enfant chez moi, toute seule, et, sans prendre à
témoin du secret de sa fuite, tous ces gens que vous traîniez
après vous?

LE BARON.

Oui! vous cachiez la honte de notre maison... Mais, alors,
qu'est-ce donc que notre fille, qui se prête à de tels actes?...
Va pour son parrain! mais se laisser enlever par ce jeune
homme!...

MONTIGNAC, à Plantrose.

Oh! malheureuse enfant Il a raison!

PLANTROSE.

Tais-toi!

LE BARON.

Je veux la voir! (Allant ouvrir la porte de la chambre d'Yvonne.)
Yvonne, venez ici! Yvonne!

Il entre.

MONTIGNAC.

Mais nous ne pouvons pas la laisser accuser!

SÉRAPHINE.

Non!

PLANTROSE.

Eh! trop tard, il le faut bien maintenant!

ROBERT, désolé.

Et elle ne sait rien !

PLANTROSE

Tu ne l'as pas prévenue ?

ROBERT.

Impossible ! Elle venait de rentrer !

MONTIGNAC.

Ah ! tout est perdu !

SCÈNE IX

LES MÊMES, YVONNE.*

LE BARON.

Venez ici ! ma fille ! venez vous justifier de l'action hon-
teuse dont on vous accuse !

YVONNE.

Moi, mon père !

LE BARON.

Regardez-moi bien en face ! que je sache si j'ai, devant
moi, une victime innocente ou une coupable !... Quel est,
de ces deux hommes, celui qui vous a enlevée hier dans cette
voiture ?

YVONNE.

Mon père, vous le savez !

LE BARON.

Je ne le sais pas, puisque je vous le demande ! — Qui ?
répondez !

YVONNE.

Vous me faites peur !

LE BARON.

Mais répondez donc, malheureuse fille, il y va de la vie
d'un homme !

---

* Plantrôse, Montignac : — derrière la table, Séraphine, Agathe,
Yvonne, le baron, Chapelard, Robert.

YVONNE.

Mon père !

MONTIGNAC.

Yvonne !

LE BARON, furieux, à Montignac.

Taisez-vous, vous ! Je vous ordonne de vous taire !

Plantrôse contient Montignac.

YVONNE, effrayée pour son parrain et se jetant devant lui.

Ah ! mon père !... Ce n'est pas lui !

LE BARON.

Ce n'est pas lui !

YVONNE, résolûment.

Non ! non ! ce n'est pas lui !

MONTIGNAC.

Mais...

YVONNE, à son parrain, vite et bas.

Mais tais-toi donc ! Est-ce que je veux qu'il te tue ! moi !

LE BARON.

Mais, alors, si ce n'est pas votre parrain ! vous l'avouez ? (Montrant Robert.) C'est donc celui-ci ?

YVONNE.

Mon père !

LE BARON.

C'est lui ! misérable fille ! c'est lui !

YVONNE, à genoux.

Pardon !

LE BARON.

Vous avez consenti à cela ? vous ! ma fille ! Et vous n'avez pas appelé à votre aide !... Et vous n'avez pas brisé les vitres de cette voiture et ameuté les passants par vos cris, quand vous vous êtes vue seule, seule avec cet homme qui vous aime !

YVONNE.

Pardonnez-moi !...

LE BARON.

Vous êtes une malheureuse et je vous maud...

SÉRAPHINE, bondissant et relevant sa fille.

Ah ! taisez-vous ! vous ! Je vous défends de maudire ma
fille !

Le baron recule épuisé vers la cheminée.

YVONNE, sanglotant sur le sein de sa mère

Maman !...

SÉRAPHINE, la tenant serrée dans ses bras et essuyant ses larmes.*

Viens ! viens, ma chérie ! viens dans mes bras, viens ! et
pardonne-moi ! Je te bénis, moi ! — Non ! tu n'es pas coupable, c'est moi seule ! c'est ma faute ! mais je suis bien
punie, va ! je souffre assez ! Pardonne-moi, mon ange adoré,
mon amour, mon sang, ma vie, ma fille !

PLANTROSE, au baron.

Allons, baron ! voyons...

AGATHE.

Par grâce !

LE BARON.

Allons ! c'est vrai ! quand je la maudirais comme cela pendant une heure, n'est-ce pas ? (Il embrasse Yvonne.) Donnez-
moi un verre d'eau, Agathe ; j'étouffe.

> Il remonte avec Agathe et va s'asseoir au fond à gauche. Plant-
> rôse, Robert et Chapelard remontent. Séraphine et Yvonne
> restent seules avec Montignac sur le devant du théâtre, à
> droite.

YVONNE **.

Ah ! mère chérie !...

SÉRAPHINE, la regardant bien dans les yeux.

Tu m'aimes donc !... Tu ne m'en veux pas ?

* Montignac, Yvonne, Séraphine, Agathe, le baron, Chapelard, Plantrôse.

** Montignac, Yvonne, Séraphine.

YVONNE.

Moi ?... de quoi ?...

SÉRAPHINE.

Que sais-je ?... (A part.) Ah! ces lettres!... et ne pas savoir!... (Derrière Yvonne.) Demandez-lui, vous!.. je n'ose pas!...

MONTIGNAC.

Dis-moi, chère enfant, et nos lettres?

YVONNE.

Nos lettres ?

MONTIGNAC.

Oui, le paquet de lettres que tu as pris dans mon secrétaire?

YVONNE.

Ah! oui, que tu avais oublié?

MONTIGNAC.

Oui, qu'en as-tu fait?

YVONNE.

Oh! tu vas me gronder...

MONTIGNAC.

Non!

SÉRAPHINE.

Parle!

YVONNE.

Eh bien, en rentrant hier au soir... j'ai eu peur que maman ne les trouve... et je les ai jetées au feu.

MONTIGNAC, avec joie.

Brûlées!

YVONNE.

Oh! tout le paquet!

SÉRAPHINE, anxieuse.

Sans lire?

YVONNE.

Mes lettres?... Pourquoi faire? Je savais bien ce qu'il y avait dedans, puisque je les ai brûlées pour que tu ne les lises pas!

SÉRAPHINE.

Ah! mon ange!

YVONNE.

Il ne fallait pas les brûler?

SÉRAPHINE.

Si!... si!... ah! Dieu, si!... ah! quelle joie! que je respire! je puis t'embrasser maintenant!... Ah! on a beau dire!
Dieu est bon!

Montignac remonte avec Yvonne.

SCÈNE X

LES MÊMES, SULPICE.

SULPICE.

Bonne madame! voici une lettre!

CHAPELARD, sautant sur lui.

Oh! oui, prenez la lettre, baronne! Viens ici, toi, baladin!
Il l'entraîne sur le devant de la scène à gauche.

SULPICE, effaré.

Mon tuteur!

CHAPELARD, terrible, à part.

Paquita!...

SULPICE, avec aplomb.

Ah! vous savez!... Ce n'est pas pour me vanter, mais c'est
une bien belle action dans ma vie!

CHAPELARD.

Et les petits Patagons aussi! n'est-ce pas?

SULPICE.

Un si bel emploi! pauvre fille! une Madeleine qui ne
demande qu'à racheter son passé!...

CHAPELARD.

... A racheter ses meubles!...

* Sulpice, Chapelard, Séraphine.

SULPICE.

Pourtant, papa...

CHAPELARD.

Papa !... Silence, malheureux !

SULPICE.

Non, mais alors !...

CHAPELARD.

Oui, oui, je te pardonne, mais ne m'appelle plus papa !
Tout le monde redescend.

LE BARON *.

Eh bien ! cette lettre, baronne ?

SÉRAPHINE, affectant l'indifférence.

Oh ! peu de chose... Mon élection que l'on m'annonce !...
(Avec une joie contenue.) Je suis présidente !...

TOUS, l'entourant.

Ah ! bravo !

SÉRAPHINE.

C'est peu de chose, mais cela fait toujours plaisir.

PLANTROSE, prenant le bras de sa femme.

Ça nous est bien égal ! Maintenant....

MONTIGNAC.

Maintenant, adieu, mon enfant !...

YVONNE.

Comment, adieu !... tu ne pars pas ?

MONTIGNAC.

Si, vraiment, mon escadre m'attend à Cherbourg...

YVONNE.

Et tu ne seras pas témoin de mon mariage ?

* Sulpice, Chapelard, le baron, Séraphine, Yvonne, Montignac, Robert, Plantrôse, Agathe.

MONTIGNAC.

Dans trois ans, je reviendrai et je serai témoin de ton bonheur !

LE BARON.

Allons ! allons !... Tout est bien qui finit bien !

SÉRAPHINE.

Avec l'aide de Dieu !

MONTIGNAC, montrant Yvonne.

Et de ses anges !

FIN

CLICHY. —Impr. M. LOIGNON, P. DUPONT et Cᵉ, rue du Bac-d'Asnières, 12

MICHEL LÉVY FRÈRES, ÉDITEURS

DU MÊME AUTEUR

LA PERLE NOIRE

ROMAN

Un volume grand in-18

POISSY. — TYP. ARBIEU, LEJAY ET Cⁱᵉ.

www.ingramcontent.com/pod-product-compliance
Lightning Source LLC
Chambersburg PA
CBHW070352090426
42733CB00009B/1381